Pauvre Anne

Blaine Ray

Written by Blaine Ray
Illustrations by Juan Carlos Pinilla Melo

Published by:
TPRS Books
9830 S. 51st Street-B114
Phoenix, AZ 85044

Phone: (888) 373-1920
Fax: (888) 729-8777
www.tprsbooks.com
info@tprsbooks.com

First edition November 2000

Printed in the U.S.A. on acid-free paper with soy-based ink.

ISBN-10: 1-60372-397-8
ISBN-13: 978-1-60372-397-8

Table des matières

Chapitre 1 La famille d'Anne ⋯⋯⋯⋯⋯⋯⋯⋯1

Chapitre 2 Une bonne occasion ⋯⋯⋯⋯⋯ 8

Chapitre 3 Un long voyage ⋯⋯⋯⋯⋯⋯13

Chapitre 4 Un jour en ville ⋯⋯⋯⋯⋯20

Chapitre 5 Une nouvelle amie ⋯⋯⋯⋯23

Chapitre 6 Une fête en ville ⋯⋯⋯⋯28

Chapitre 7 Anne va retourner ⋯⋯⋯⋯ 33

Chapitre 8 Messages entre amis ⋯⋯⋯36

Chapitre 9 Une nouvelle perspective ⋯⋯41

Glossaire ⋯⋯⋯⋯⋯⋯⋯⋯⋯⋯⋯ G-1

Chapitre un
La famille d'Anne

Anne est une jeune fille américaine. Elle a beaucoup de problèmes. Elle a des problèmes avec sa famille et avec ses amis. Elle a des problèmes comme toutes les autres filles de son âge. Elle a seize ans. Elle n'est pas très grande. Elle a les cheveux longs. Elle est brune avec les yeux bleus.

Anne habite avec sa famille à Middletown dans l'État de New York. Elle a un papa, une maman, un frère et une sœur. Anne habite dans une maison bleue. La maison n'est pas grande, mais elle n'est pas petite non plus.

Anne va à l'école dans la ville. L'école n'est pas grande. Elle s'appelle Middletown High. Anne est en onzième année.

Son père s'appelle Robert. Il travaille dans un garage. Il est mécanicien. Sa mère s'appelle Ellen. Elle travaille dans un hôpital. L'hôpital s'appelle Mercy Hospital. Sa maman est secrétaire

à l'hôpital. Elle est secrétaire pour cinq docteurs. Son frère s'appelle Don et sa sœur s'appelle Patty. Don a quatorze ans. Patty a onze ans.

Anne a des problèmes avec sa mère parce que sa mère crie beaucoup. Quand Anne laisse un livre d'école par terre, sa mère crie: « Anne, ramasse le livre ! Ne laisse pas le livre par terre ! » Quand Anne mange du chocolat, sa maman crie: « Anne ! Ne mange pas de chocolat ! Mange une pomme. Mange des fruits. Les fruits sont bons. Le chocolat est mauvais ! Tu as besoin de fruits, mais tu n'as pas besoin de chocolat. »

Anne a des problèmes avec son père. Elle veut de l'argent. Elle veut de nouveaux vêtements. Anne dit à son père:

— Papa, je veux de l'argent. Je veux des vêtements. Je veux manger dans un restaurant.

— Je n'ai pas beaucoup d'argent. Je suis pauvre. Tu as des vêtements et tu as de la nourriture. Tu n'as pas besoin d'argent.

Anne a des problèmes avec Don aussi. Par exemple, elle cherche un livre important. C'est le livre pour son cours d'anglais. Elle a besoin du livre. Elle cherche le livre, mais elle ne le trouve pas. Anne dit à Don:

— Don, j'ai besoin de mon livre. C'est un livre très important. Aide-moi, mon cher frère.

Don ne l'aide pas. Il ne cherche pas le livre. Il regarde la télévision. Il rit des problèmes de sa sœur. Personne n'aide Anne.

Anne a d'autres problèmes avec sa sœur Patty. Patty prend le chemisier d'Anne. Patty n'a pas la permission d'Anne. Patty porte le chemisier à l'école. Après les cours, Anne entre dans sa chambre. Elle regarde ses vêtements. Elle ne voit pas son chemisier. Elle crie: « Où est mon

chemisier ? » Patty ne répond pas. Elle rit. Elle a le chemisier d'Anne, mais elle ne lui dit rien. Patty rit des problèmes d'Anne. Pauvre Anne !

Anne a deux bonnes amies. Une des amies s'appelle Elsa. Elle a seize ans. Elle est blonde. Elle va à Middletown High aussi. Elle n'étudie pas le français. Elle étudie l'espagnol. Elsa n'a pas de problèmes avec sa famille. Elsa a beaucoup de vêtements. Sa famille lui donne toujours de l'argent. Elsa a une nouvelle voiture. C'est une Ford Mustang. Le père d'Elsa lui a donné la voiture. Elsa ne doit rien payer pour la voiture. Elle va à l'école dans sa nouvelle voiture. Anne n'a pas de voiture. Elle va à l'école dans l'autobus jaune de l'école.

Anne est triste parce qu'elle n'a pas de nouvelle voiture. Elle est triste parce qu'elle va à l'école dans l'autobus jaune. Pendant le week-end, elle doit conduire la vieille voiture de ses parents.

L'autre amie d' Anne s'appelle Sara. Sara a quinze ans et elle a les yeux bruns et les cheveux longs. Elle étudie beaucoup. C'est une très bonne élève. Elle a de bonnes notes à l'école. Sara n'a pas de problèmes avec sa famille. La famille de

Sara a beaucoup d'argent. Sara va souvent au centre commercial. Le centre commercial s'appelle Galleria Crystal Run. Sara achète beaucoup de nouveaux vêtements. Elle achète toujours ses vêtements au magasin American Eagle. Elle achète des chaussures Nike. Quand Sara a encore besoin d'argent, elle en demande à son père et son père lui donne encore plus d'argent ! Elle achète beaucoup de vêtements.

Anne est triste parce qu'elle n'a pas assez d'argent pour acheter beaucoup de nouveaux vêtements. Elle achète rarement de nouveaux vêtements. Elle achète ses vêtements à Wal-Mart. Elle n'achète pas de chaussures Nike. Elle n'achète pas de vêtements Lululemon. Sara et Elsa achètent des vêtements Lululemon et elles achètent des chaussures Nike. Anne est triste.

La famille d'Anne ne mange pas souvent au restaurant. Les amies d'Anne mangent souvent au restaurant. La famille d'Anne ne mange pas souvent au restaurant parce qu'ils veulent économiser.

Chapitre deux
Une bonne occasion

Un jour, Anne se réveille à sept heures du matin. Elle parle avec sa mère. Elle dit:

— J'ai besoin de mon livre d'histoire parce que je vais à l'école.

— Quel âge as-tu, Anne ? crie sa mère, fâchée. Où est ton livre ? Pourquoi est-ce que ton livre n'est pas dans ta chambre ? De quelle couleur est le livre ? Il y a un livre jaune sur ton lit. Cherche-le dans ta chambre. Il est sur ton lit.

Anne parle avec son frère. Elle lui dit:

— Cherche mon livre d'histoire. C'est très important. J'en ai besoin pour mon cours d'histoire.

Don s'assied sur le sofa et il ne lui répond pas. Il ne l'aide pas. Il ne fait que regarder la télévision. Il n'aide jamais Anne. Anne est triste parce que sa maman est fâchée et parce qu'elle crie quand elle est fâchée. Anne est frustrée parce que son frère ne l'aide pas.

Anne entre dans sa chambre. Son livre jaune

est sur le lit. Elle prend le livre jaune et elle va à l'école. Quand elle arrive à l'école, elle voit son amie Sara. Sara porte un nouveau vêtement LuluLemon. C'est un beau chemisier bleu. Il est super. Le bleu est la couleur préférée d'Anne. Anne regarde le chemisier et dit:

— J'aime bien ton chemisier. Il est neuf ?

— Oui, mon chemisier est neuf. Mon père me donne toujours de l'argent pour acheter des vêtements. J'aime les nouveaux vêtements. J'achète toujours mes vêtements chez American Eagle.

Anne est très triste parce qu'elle n'a pas de nouveaux vêtements. Elle n'a pas de vêtements Lululemon. Elle est triste parce qu'elle a des problèmes avec sa famille. Elle ne sourit jamais.

Anne va à la classe de français. Elle a un très bon professeur qui s'appelle Madame Brodé. Madame Brodé est professeur depuis quinze ans. Mme Brodé parle à la classe. Elle dit qu'il y a une bonne occasion pour un élève de Middletown High. Un élève peut aller en Belgique. L'élève peut vivre avec une famille en Belgique pendant les trois mois d'été. Ça ne coûte rien parce que l'école va payer le transport et la famille belge va payer les repas.

Après la fin de cours Anne parle avec Madame Brodé. Anne dit: « Je voudrais aller en Belgique. J'aime la Belgique. Je voudrais vivre avec une famille belge. » Anne est contente. Elle voudrait aller en Belgique. Elle voudrait vivre avec une famille belge. Elle voudrait s'échapper de ses problèmes aux États-Unis. Anne se promène pendant cinq minutes. Puis elle monte dans le bus jaune.

Elle rentre chez elle et elle parle avec son père.

— Madame Brodé est ma prof de français. Elle dit qu'un élève de Middletown High peut aller en Belgique pendant les trois mois d'été. Je voudrais y aller. J'aime la Belgique. Je voudrais vivre avec une famille belge. Madame Brodé dit que c'est une très bonne expérience.

— Il n'y a pas d'argent ! crie son père. Je n'ai pas d'argent ! Je ne peux pas payer !

— Papa, l'école va payer. Tu ne dois rien payer. C'est une bonne occasion pour moi. S'il te plaît, papa. Je voudrais aller en Belgique.

Quand Anne dit que le voyage ne coûte rien,

son père est très content. Il lui dit: « Anne, il n'y a pas de problème. Tu peux aller en Belgique. »

Chapitre trois
Un long voyage

Trois mois plus tard, Anne est très animée parce qu'elle va en Belgique dans deux jours. C'est le dernier jour de cours à l'école. Après le cours de français, Mme Brodé parle avec elle.

— Anne, la Belgique est très différente des États-Unis. Les jeunes en Belgique ne peuvent pas conduire à seize ans. Ils voyagent souvent à moto ou à vélo, en autobus ou en train. C'est une bonne occasion pour toi.

— Je suis très contente d'avoir cette occasion. Merci de votre aide.

C'est un jour spécial quand Anne va à l'aéroport dans la ville de New York. L'aéroport de New York est très grand. Toute la famille va avec Anne à l'aéroport. Sara et Elsa vont aussi à l'aéroport. Anne sort son billet d'avion. Elle va en Belgique avec la ligne aérienne Sabena. Anne est un peu triste. Elle a aussi un peu peur. Elle regarde sa famille et ses amies. Elle les embrasse tous. Ils crient: « Au revoir ! » Anne monte dans l'avion.

Après un long voyage, Anne arrive à Bruxelles, la capitale de la Belgique. La famille Dupont n'est pas à l'aéroport quand elle arrive. Elle cherche sa nouvelle famille, mais elle ne la trouve pas. Elle cherche beaucoup, mais elle ne voit pas sa famille. Elle est très inquiète ! Elle voit un jeune homme. Elle parle avec lui.

— Bonjour. Je m'appelle Anne. Je suis américaine. Je cherche ma famille belge, mais elle n'est pas là. C'est la famille Dupont. Il y a six personnes dans la famille. Ils habitent à Namur.

— Enchanté. Je m'appelle Olivier Gauthier.

Olivier lui parle encore, mais Anne ne comprend pas ! Olivier lui prend la main et il lui montre le train pour Namur. Elle regarde Olivier.

— Merci, Olivier. Je vous remercie de votre aide.

— De rien. Bonne chance en Belgique. Bonne chance avec ta famille.

Anne monte dans le train. Le train est très

rapide. Anne arrive à la gare de Namur après une heure. Elle descend du train et prend ses bagages.

Elle voit un taxi. Elle sort un papier avec l'adresse de sa nouvelle famille belge. Elle donne le papier au chauffeur de taxi. Le chauffeur regarde le papier qui a l'adresse de la maison. Pendant qu'elle est dans le taxi, le chauffeur lui parle, mais elle ne comprend pas. Elle sourit et dit oui. C'est tout.

Anne a un peu peur parce que la famille n'était pas à l'aéroport. Elle a peur aussi parce qu'elle est en Belgique et elle ne comprend pas beaucoup le français !

Le taxi va jusqu'à l'adresse de la nouvelle famille. Il va jusqu'à la nouvelle vie d'Anne ! Le chauffeur cherche la maison de la famille belge d'Anne. Le taxi arrive à la maison. Anne dit merci au chauffeur et lui donne un peu d'argent.

Elle descend de l'auto et marche jusqu'à la porte. Elle frappe à la porte. Une fille de 14 ans ouvre la porte. Anne regarde la fille et lui dit: « Bonjour, je m'appelle Anne. Je suis américaine. »

La fille est très surprise. Elle dit: « Bonjour, je

m'appelle Mireille. Pauvre fille ! Ma famille n'est pas allée à l'aéroport. Tu étais toute seule. Pauvre Anne ! » Anne lui sourit et dit: « Pas de problème. Je suis ici. »

La famille explique à Anne pourquoi ils ne sont pas venus à l'aéroport, mais Anne ne comprend rien. Anne ne comprend rien, mais elle sourit et dit oui.

Anne les regarde tous. Ils parlent tous. Ils parlent très rapidement et Anne ne comprend pas. Elle écoute, mais elle ne comprend pas. Elle est très inquiète parce qu'elle ne comprend pas. Elle a peur parce qu'elle est avec sa famille et elle ne comprend rien !

La famille Dupont ressemble à la famille d'Anne. Il y a un père et une mère. Le père s'appelle Jean-François. La mère s'appelle Marie-Claire. Ils ont deux filles et deux fils. Les filles s'appellent Mireille et Sophie. Les fils s'appellent Bernard et Joël. Mireille a seize ans, Sophie a quatorze ans, Bernard a douze ans et Joël a huit ans. C'est une bonne famille.

Le père lui dit: « Bienvenue dans notre maison. Tu vas dormir dans la chambre de Mireille et

Sophie. Notre maison est petite, mais notre famille est sympa. Tu es chez toi ici. » Anne sourit parce qu'elle comprend.

Mireille parle un peu anglais et Anne parle un peu français. Les deux peuvent communiquer un peu. « C'est ma sœur Sophie », dit Mireille. « Bonjour », dit Anne. « Bonjour », répond Sophie.

Les trois filles vont dans la chambre. Elles se posent beaucoup de questions: « Tu as un copain ? Quel âge as-tu ? Tu aimes l'école ? Tu aimes la musique de Stromae ? » Anne dit:

— S'il vous plaît. Je ne comprends pas. Parlez plus lentement.

— Quel âge as-tu ? répète Mireille très lentement.

— J'ai seize ans.

Mireille sourit parce qu'Anne comprend.

— Tu as un copain ?

— Je n'ai pas de copain, répond Anne.

— Tu aimes l'école ?

— Oui, mon école est bonne. Elle s'appelle Middletown High.

— Est-ce que tu aimes la musique de Stromae?

—Stromae est populaire aux États-Unis. J'aime

bien la musique de Stromae.

— Ta famille a une voiture ?

— Oui, nous avons une voiture, c'est une Toyota. Elle n'est pas neuve.

Maintenant Anne est plus sûre d'elle-même. Elle pose des questions aux deux filles:

— Comment s'appellent tes amies ?

— Ma meilleure amie s'appelle Valérie, répond Mireille. J'ai une autre amie qui s'appelle Emilie. Elles vont toutes les deux à mon école. Elles habitent à Namur. Valérie a quatorze ans et Emilie a quinze ans.

Sophie dit:

— Ma meilleure amie s'appelle Véronique. Elle va à mon école. Elle est très sympa.

Anne, Mireille et Sophie parlent pendant trois heures. Anne ne comprend qu'un peu, mais elle est contente d'être en Belgique. Anne aime sa nouvelle famille. Elle aime la Belgique.

Chapitre quatre
Un jour en ville

À neuf heures du matin, Anne se réveille. Mireille et Sophie se réveillent aussi. Elles emmènent Anne en ville. Anne, Mireille et Sophie marchent au gymnase. Le gymnase s'appelle « CrossFit Namur ». Anne regarde les personnes. Tous les gens font des exercices. Anne aime le gymnase.

Ensuite, les trois filles vont au parc. Le parc s'appelle « Balzac ». Anne est très surprise parce qu'il n'y a pas beaucoup de personnes dans le parc. Anne veut voir des enfants dans le parc. Elle veut parler français avec des enfants. Ensuite les trois filles vont à la piscine. C'est la Piscine Municipale. Beaucoup de personnes sont à la piscine. Il y a beaucoup d'enfants qui nagent.

Puis elles prennent le bus et elles vont dans un très grand magasin. Le magasin s'appelle

Carrefour. Dans le magasin, il y a des vêtements, des disques compacts, des DVDs et beaucoup d'autres choses. Il y a du Pepsi et du Coca-Cola, mais il n'y a pas d'autres boissons américaines. Il y a une grande variété de boissons. Dans le Carrefour il y a de l'alimentation aussi. Il y a des produits alimentaires variés. C'est différent de ce qu'il y a aux États-Unis. Anne voit qu'il y a des fruits. Les fruits sont comme les fruits dans les magasins aux États-Unis. Il y a des bananes, des oranges, des pommes et des ananas.

En face du magasin, on vend des frites. Anne regarde les gens dans la rue. Les familles achètent beaucoup de frites. Elles ne sont pas chères. Beaucoup de familles en achètent. Anne n'achète rien parce qu'elle n'a plus d'argent belge.

Elle va à la banque. La banque s'appelle la BBL. Anne a trente dollars. Elle les donne au caissier de la banque et elle reçoit des euros en échange. Elle est contente parce qu'elle a de l'argent européen. Après, elle marche. Elle voit une friterie. Elle achète des frites. Les frites coûtent un euro et 25 centimes. Anne mange les frites et dit: « J'aime ça. Elles sont meilleures que les frites chez McDonald's ! Elles sont délicieuses ! »

Les trois filles retournent à la maison. Quand elles sont dans la maison, Sophie sort une radio. Elles écoutent la radio. Le volume est très fort. La mère entend la musique et crie: « Hé les filles ! La musique est très forte. Baisse le volume. Maintenant ! » Anne est surprise parce que la mère de Mireille et Sophie crie. Anne passe le reste de la journée à la maison. Elle écoute de la musique et regarde la télévision. Elle ne comprend pas beaucoup. La nuit elle est très fatiguée et elle dort très bien.

Chapitre cinq
Une nouvelle amie

Le lendemain, Anne se réveille et va toute seule au gymnase. Elle rencontre une fille au gymnase. La fille s'appelle Brigitte. Brigitte est très sympa. Elles font des exercices pendant une heure. Après, Brigitte invite Anne à sa maison. Anne accepte et les deux filles quittent le gymnase et vont chez Brigitte. Brigitte et Anne entrent dans la maison.

Brigitte ouvre la porte. La mère de Brigitte l'entend et elle lui crie:

—Brigitte, ta chambre est en désordre. Tu dois la ranger !

—Excuse-moi, maman. J'ai une nouvelle copine. Elle s'appelle Anne. Elle est de New York aux États-Unis. Elle va passer trois mois ici.

La mère entre dans la salle et regarde Anne. Elle lui serre la main et dit:

— Enchantée Anne, bienvenue en Belgique.

— Merci, madame. Enchantée.

Anne et Brigitte vont dans la chambre de Brigitte. Elles s'asseyent sur le lit et elles parlent. Anne ne comprend pas beaucoup, mais elle comprend un peu.

— Tu aimes la Belgique ?

— Oui, mais je ne comprends pas beaucoup le français. J'ai besoin de passer encore du temps en Belgique.

— Tu aimes la musique en Belgique ?

— Oui, je l'aime. J'aime la musique française. J'aime toutes sortes de musique. J'aime aussi danser. Il y a des fêtes ici ?

— Oui, il y a souvent des fêtes. J'adore danser, dit Brigitte. Est-ce que tu aimes la nourriture belge ?

— Oui, j'aime les frites et les gaufres. J'aime beaucoup la nourriture belge ! On ne mange pas les frites et les gaufres comme ça chez nous.

— Comment dit-on « les frites » en anglais ?

— « French fries ».

— Mais elles ne sont pas françaises, elles sont belges ! crie Brigitte.

— C'est vrai ? Je vais le dire à toutes mes

amies américaines ! On mange beaucoup de frites chez nous.

— Qu'est-ce que tu manges aux États-Unis ?

— Je mange des hamburgers et des frites, mais aussi de la pizza, du poulet, de la salade et de la soupe. Je mange beaucoup de choses comme en Belgique.

—J'aime les hamburgers, dit Brigitte. Comment s'appelle ton école ? Elle est bonne ? Décris-moi ton école.

— Mon école s'appelle Middletown High. Elle est près de la ville de New York. Elle est grande. Il y a 1500 élèves. J'aime mon école. J'aime les professeurs. Décris ton école.

— Mon école n'est pas une école publique. C'est une école privée. C'est un lycée. Il est bon. Nous portons des uniformes.

— À Middletown nous ne portons pas d'uniforme. Tu aimes les uniformes ?

— Oui ! J'aime les uniformes. Nous avons tous des uniformes. C'est bien. Nous sommes habitués aux uniformes. Notre lycée est une école religieuse. Elle est catholique. Nous étudions la religion à l'école.

— Middletown High est une école publique. Nous n'avons pas de cours de religion.

— Nous faisons des projets de charité aussi à notre école. Chaque année nous donnons nos vêtements usagés aux gens qui n'ont pas de maison.

— C'est un bon projet ! Je voudrais faire un projet comme ça aux États-Unis.

Brigitte et Anne parlent longtemps. Anne est très contente. Brigitte parle très lentement et Anne comprend. Quand Brigitte parle rapidement, Anne ne comprend pas. Elles parlent pendant deux heures. Puis Anne retourne à sa maison. La nuit, Anne dort.

Chapitre six
Une fête en ville

Un soir, il y a une fête en ville. Brigitte et Anne vont à la fête. Il y a beaucoup de gens. Un garçon regarde Anne. Il s'approche d'Anne. Il invite Anne à danser. Elle accepte.

— Comment t'appelles-tu ? lui demande le garçon.

— Je m'appelle Anne, et toi ?

— Richard. Richard Chevalier. D'où viens-tu ?

— Je suis de l'État de New York aux États-Unis. Je suis en Belgique pour trois mois.

— Tu parles bien le français.

— Merci. Je parle beaucoup mieux maintenant.

— Tu sais danser le rock-and-roll ?

— Non, je ne le sais pas. Je ne danse pas bien, et toi ?

— Je suis expert en Rock-and-Roll. Je vais t'apprendre à danser. Je te donne des leçons de Rock. En trente minutes tu vas bien danser le

Rock !

Les deux dansent. Richard est un bon professeur. Il apprend le Rock à Anne. Après trente minutes, Anne danse très bien. Ils dansent pendant deux heures. Ensuite, ils s'asseyent à une table et ils parlent.

— Tu as une copine ? lui demande Anne.

— Je n'ai pas de copine. Je vais aux soirées et je danse, mais je n'ai pas de copine.

— Combien de personnes est-ce qu'il y a dans ta famille ? demande Anne.

— J'ai trois frères et une sœur. J'ai quinze ans. Mon frère Robert a treize ans. Mon frère Raoul a dix ans et mon frère Jean-Michel a huit ans. Ma petite sœur s'appelle Corinne. Elle n'a que cinq ans.

— Dans ma famille il y a cinq personnes. J'ai seize ans. Mon frère s'appelle Don. Il a quatorze ans. Ma sœur s'appelle Patricia. Elle a onze ans. Décris ta maison.

— C'est une maison moderne. Il y a trois chambres, une cuisine, un salon, une salle à manger, une salle de bains et des toilettes. Je conduis une moto. Tu aimes les motos ?

— Oui, j'aime les motos. Mais ma mère va crier si je monte sur une moto. J'ai beaucoup de problèmes avec mes parents. Ils crient beaucoup. Quand je ne fais pas tout parfaitement, ils crient après moi.

— Anne, mes parents crient aussi. Mon père crie après moi. Ma mère crie après moi. Quand je laisse un livre sur la table, elle crie après moi. Il n'y a pas de famille parfaite. Toutes les familles ont des problèmes.

—C'est vrai ? Alors, je n'ai pas une famille de fous. J'ai donc une famille normale !

Il est très tard. Brigitte voit Anne et Richard. Elle s'approche des deux et leur dit:

— Il est très tard. Rentrons.

— Je vous accompagne. Ma maison est à 10 minutes d'ici, dit Richard.

Les trois jeunes vont chez Brigitte. Ils marchent et ils parlent. Ils parlent de beaucoup de choses. Ils parlent des amis. Ils parlent des différences entre les États-Unis et la Belgique. Ils parlent des familles.

Après quelques minutes, ils arrivent devant la maison de Brigitte. Anne dit au revoir à Richard.

Richard lui fait la bise. Anne est surprise parce que c'est la première fois qu'un garçon lui fait la bise. Elle est gênée. Brigitte lui fait la bise sur la joue aussi. Toutes les filles en Belgique font la bise pour saluer leurs amies. Les garçons font aussi la bise aux filles mais pas souvent aux garçons. Richard leur dit au revoir. Anne dit à Brigitte:

— Je suis très contente, mais je suis triste aussi parce que je vais bientôt retourner aux États-Unis.

Chapitre sept
Anne va retourner

Demain, Anne va retourner à New York. C'est un jour très important pour Anne. Elle est triste parce qu'elle va retourner aux États-Unis. Anne doit dire au revoir à ses amis. Elle va chez Brigitte. Elle lui fait la bise.

— Brigitte, c'est incroyable, mais demain à 6 heures du matin je vais retourner aux États-Unis. Je suis très triste. J'ai beaucoup d'amis ici. J'aime tout ici.

— Anne, tu es très sympa. Tu es ma meilleure copine, lui dit Brigitte. Je suis triste aussi. Je voudrais te rendre visite dans l'État de New York.

— L'été prochain, tu peux venir me rendre visite. Et tu peux passer tout l'été dans l'État de New York. L'État de New York est beau. Tu vas aimer New York.

Ensuite, Anne va chez Richard. Quand Richard voit Anne, il lui fait la bise.

— Je vais retourner aux États-Unis demain et

je suis triste.

— J'ai beaucoup aimé passer du temps avec toi pendant ta visite en Belgique. Je suis vraiment content de t'avoir rencontré. Je suis content d'avoir dansé et d'avoir parlé avec toi. Toi et moi on est de bons amis.

— J'aimerais bien rester en contact avec toi. On peut garder le contact en ligne.

— C'est une bonne idée. Donne-moi tes coordonnées !

Anne donne ses coordonnées à Richard et Richard lui dit :

— Tu m'écris demain.

— Au revoir, dit Anne

— Au revoir, dit Richard

Anne est triste quand elle retourne à la maison. Elle dit au revoir à Mireille et Sophie. Elle dit au revoir à ses parents belges.

— Merci pour tout. J'aime la famille ici. J'aime tout en Belgique. J'aime votre famille. Vous êtes tous très sympa. Toute cette expérience a été fantastique.

Toute sa famille belge l'accompagne à l'aéroport. Anne donne les trois bises traditionnelles à toute la famille et leur dit:

— Au revoir. J'aime la famille Dupont. Merci pour tout. J'apprécie vraiment cette occasion.

Anne monte dans l'avion. Elle s'assied. L'avion vole de Bruxelles à New York.

Après l'arrivée, Anne descend de l'avion et voit sa famille. Toute la famille est à l'aéroport. Elle les voit et crie: « Salut ! » Ils s'approchent d'Anne et l'embrassent. Ils sont tous contents parce qu'Anne est à nouveau aux États-Unis. Alors, Anne voit ses amies et elle leur crie: « Salut ! » Anne les embrasse. Anne rentre chez elle. Elle est très contente parce qu'elle est à nouveau avec sa famille. Elle est aussi un peu triste parce qu'elle n'est plus en Belgique.

Chapitre huit
Messages entre amis

Anne monte dans la voiture de sa famille et dit:

— J'aime conduire. Je suis contente parce que je peux conduire la voiture ici. J'apprécie mes amies et ma famille. J'apprécie beaucoup plus ma vie.

Anne entre dans sa maison et crie:

— Je suis chez moi !

Elle regarde tout dans la maison. Rien n'a changé. Elle monte dans la voiture et elle conduit toute seule chez ses amies pour leur dire bonjour. Elle conduit au supermarché. Elle conduit à l'école et elle regarde les vêtements des jeunes. Elle est très contente d'être chez elle et de conduire où elle veut. Ses amies veulent une nouvelle Ford Mustang. Elles veulent de nouveaux vêtements pour l'école. Anne est contente parce qu'elle peut conduire. Anne est une personne différente.

Elle pense à sa famille en Belgique. Elle pense à Richard et à Brigitte. Un jour Anne reçoit un message de Richard. Elle lit le message de texto. Richard écrit:

Ça va ? Comment va ta famille ? Comment ça va à l'école ?

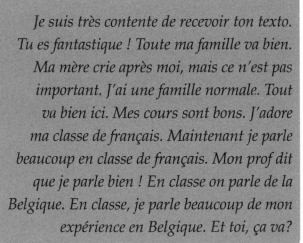

Je suis très contente de recevoir ton texto. Tu es fantastique ! Toute ma famille va bien. Ma mère crie après moi, mais ce n'est pas important. J'ai une famille normale. Tout va bien ici. Mes cours sont bons. J'adore ma classe de français. Maintenant je parle beaucoup en classe de français. Mon prof dit que je parle bien ! En classe on parle de la Belgique. En classe, je parle beaucoup de mon expérience en Belgique. Et toi, ça va?

Je vais bien. Tout est bien ici en Belgique. Je vais à l'école. J'ai de bons cours. J'ai un cours d'anglais. C'est un bon cours. L'anglais est intéressant pour moi parce que je veux parler anglais avec toi. J'étudie aussi le français, les maths, la science et l'histoire de la Belgique. Nous étudions aussi l'histoire des États-Unis. C'est très intéressant aussi. J'aime étudier les États-Unis.

Comment sont Mireille et Sophie?

 Mireille et Sophie vont bien aussi. Elles vont à l'école maintenant.

Comment est Brigitte?

Brigitte va bien. Elle étudie maintenant aussi. Elle veut parler anglais. Elle veut te rendre visite l'été prochain.

Je suis contente parce que Brigitte, Mireille, Sophie et toi, vous allez tous bien.

 Quand est-ce que tu reviens en Belgique ? Je voudrais te voir. Je voudrais te parler.

Je voudrais visiter la Belgique encore une fois. Je crois que je vais retourner en Belgique dans deux ans.

 Je voudrais rendre visite aux États-Unis.

Qui dit que tu peux me rendre visiter? :)

 C'est possible ?

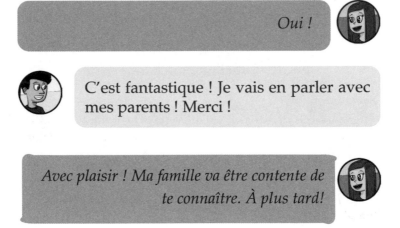

Oui !

C'est fantastique ! Je vais en parler avec mes parents ! Merci !

Avec plaisir ! Ma famille va être contente de te connaître. À plus tard!

Anne est très contente quand elle lit les messages. Elle est contente parce que Richard va bien. Elle est contente de recevoir les nouvelles de Richard, Brigitte et Mireille. Elle est contente aussi parce que Brigitte veut venir lui rendre visite à New York.

Chapitre neuf
Une nouvelle perspective

Anne a une nouvelle perspective sur la vie maintenant. Elle n'a pas de problèmes. Elle a une bonne famille. Sa mère crie après elle, mais en Belgique les familles crient aussi. Elle a beaucoup d'amis. Elle a des amis belges. Elle a des amis américains.

Anne parle avec un élève à l'école. Il s'appelle Paul. Paul est président du conseil d'élèves de l'école. Anne veut faire un projet. Elle veut que tous les élèves de Middletown High School donnent des vêtements usagés aux gens qui n'ont pas de maison. Paul lui dit: « Bonne idée. J'aime ton idée. Je vais en parler avec les autres élèves. On va monter un plan. »

Deux mois plus tard, il y a une fête à l'école. Les élèves vont à la fête. Quand ils vont à la fête ils doivent payer. Mais c'est une fête spéciale. On ne paie pas d'argent pour aller à la fête. On offre des vêtements. Les élèves donnent des vêtements Guess, Lululemon et Levis. Il y en a qui donnent de l'argent aussi.

Après la fête il y a beaucoup de vêtements et il y a aussi 538 dollars pour aider le projet. Un jour, après les cours, des élèves vont dans une salle et préparent les vêtements pour les pauvres qui n'ont pas de maison. Anne et ses amies vont à l'Armée du Salut et donnent tous les vêtements et l'argent.

Anne pense à ses amies en Belgique qui donnent aussi des vêtements aux pauvres. Elle pense aux familles qui vont recevoir les vêtements. Elle est fière d'aider les pauvres. Anne pense beaucoup à l'été et à Brigitte. Elle est contente parce que Brigitte vient chez elle pour lui rendre visite. Elle pense à la Belgique. Elle veut retourner en Belgique dans deux ans. Elle sourit parce que la vie est merveilleuse.

Glossaire

A

a *has*
   a besoin de *needs*
   a (un peu) peur *is (a little) afraid*
à *in, at, to, about*
   à 10 minutes *10 minutes away*
   à moto *by motorcycle*
   à nouveau *once again*
   à seize ans *at the age of 16*
   à velo *by bike*
accepte *accepts*
(elle) (a) accepté *(she) accepted*
(l'a) accompagnée (il) *he accompanied her*
accompagne *goes with*
(elle) achetait *(she) was buying*
achète *buys*
(elles) achetaient *(they) were buying*
(elle) (a) acheté *(she) bought*
   elle n'a rien acheté *she didn't buy anything*
achètent *(they) buy*
acheter *to buy*
aérienne : ligne aérienne *airline*
aéroport *airport*
âge : quel âge *how old*
ai : j'ai *I have*

aide *help*
   aide-moi *help me*
(il) aidait *(he) helped*
(il) (a) aidé *(he) helped*
aider *to help*
(elle) aimait *(she) liked*
aime *likes, loves*
   j'aime *I like*
aimé : j'ai aimé *I liked*
aimer *to like, love*
aimes (tu) *(you) like*
alimentaires : produits alimentaires *food products*
(elle) allait *(she) was going*
   il allait bien *was doing well*
   allait payer *was going to pay*
(elle) (est) allée *(she) went*
   n'est pas allée *didn't go*
(elles) (sont) allées *(they) went*
aller *(to) go*
allez : vous allez bien *you are well*
alors *then*
américain(e) *American*
ami *(male) friend*
amie *(female) friend*
ananas *pineapple*
anglais *English (language)*
animée *excited*
année *grade, year*

ans *years*
    il/elle a # ans *s/he is # years old*

(s')appelait *(his/her) name was*

apprend *teaches*

apprendre à *to teach how to*
    je vais t'apprendre à *I'm going to teach you how to*

après *after*
    crient après moi *(they) yell at me*

(a) appris *he taught*

(il) (s'est) approché *(he) approached*

(ils) (se sont) approchées *(they) approached*

arrive *arrives*

(elle) (est) arrivée *(she) arrived*

arrivent *(they) arrive*

as *(you) have*
    tu as besoin (de) *you need*
    as-tu *do you have*
    quel âge as-tu ? *how old are you?*

assez *enough*

(elle) (s'est) assise *(she) sat down*

(ils) (se sont) assis *(they) sat down*

au *to the, at the*
    au revoir *goodbye*

aussi *too, also*

autobus *bus*

autre(s) *other*

aux *in the, to the*

(il/elle) avait *(s/he) had*
    il y avait *there was*
    il y a eu *there was*
    elle avait un peu peur *she was scared a little bit*

(elle) avait besoin de *(she) needed*

(ils) avaient *(they) had*

avec *with*

avoir *to have*

avons *(we) have*

B

bagages *suitcases*

bains : salle de bains *bathroom*

baisse *(command) lower*
    baisse le volume *turn down the volume*

bananes *bananas*

banque *bank*

beau *beautiful*

beaucoup *a lot*

belge *Belgian*

Belgique *Belgium*

(j'ai) besoin (de) *I need*

(tu as) besoin (de) *you need*

bien *well, good*
    j'aime bien *I really like*

bientôt *soon*

bienvenue *welcome*

billet: billet d'avion *plane ticket*

bise *kiss*

lui fait la bise *gives her a kiss*

bleu(e) *blue*

blonde *blond*

boissons *drinks (noun)*

bon *good*

bonjour *hello*

bonne *good*

brune *brunette*

bruns *brown*

bus *bus*

C

ça *that*

    ça va ? *how are you?; how's it going?*

caissier : caissier de la banque *bank teller*

capitale *capitol*

catholique *Catholic*

ce *this*

    ce qu'il y a *what there is*

centimes *cents*

centre commercial *mall, shopping center*

c'est *she is, it is, this is*

    c'est tout *that's all*

cet, cette *this*

chambre *room*

chance *luck*

changé : rien n'a changé *nothing has changed*

chaque *every, each*

charité *charity*

chauffeur *driver*

chaussures *shoes*

chemisier *blouse*

cher *dear*

cherche *looks for*

cherche-le *look for it (command)*

(elle) cherchait *(she) was looking for*

(elle) (a) cherché *(she) looked for*

chères *expensive*

cheveux *hair*

chez *at the home of, at (the place of)*

    chez elle *to her house*

    chez moi *at (my) home*

    chez nous *at (our) home*

    chez toi *at (your) home*

choses *things*

cinq *five*

classe *class (session)*

    après les classes *after school*

combien *how many*

comme *like*

comment *how*

commercial : centre commercial *mall, shopping center*

communiquer *communicate*

compacts : disques compacts *CDs*

comprend *understands*

(je) comprends *I understand*

(elle) comprenait *(she) was understanding*
(elle) compris *(she) understood*
  elle n'a rien compris *she didn't understand anything*
conduire *to drive*
(je) conduis *I drive*
conduit *drives*
(elle) (a) conduit *(she) drove*
connaître *to know/meet*
Conseil des Eleves *student council*
content(e) (de) *happy (to)*
coordonnées *contact information*
copain *boyfriend, (male) friend*
copine *(female) friend, girlfriend*
couleur *color*
cours *class (course)*
  cours d'histoire *history class*
(il) coûtait *(it) cost*
(ils) coûtaient *(they) cost*
coûte *costs*
coûtent *(they) cost*
(elle) criait *(she) yelled*
(elles) criaient *(they) yelled*
crie *yells*
  crie apres moi *yells at me*
(elle) (a) crié *(she) yelled*
crient apres moi *(they) yell at me*
crier *to yell*
crois *(I) think*
cuisine *kitchen*

D
d'aider *of helping*
d'amis *of friends*
d'anglais *(of) English*
d'Anne *Anne's*
(elle) dansait *(she) danced*
(ils) (ont) dansé *(they) danced*
d'argent *of money*
  n'a pas d'argent *has no money*
d'autres *(of) other*
d'avion : billet d'avion *plane ticket*
d'avoir : contente d'avoir *happy to have*
d'école *(for) school*
d'elle-même *of herself*
d'Elsa *Elsa's*
(elle) (en) demandait *(she) asked for (some)*
(elle) demandé *(she) asked for*
d'enfants *of children*
(elle) (est) descendue *(she) went down*
d'été *of summer*
d'être : content d'étre *happy to be*
(elle) devait *(she) had to*
(ils) devaient *(they) had to*
d'histoire *of history*
  cours d'histoire *history class*
  livre d'histoire *history book*
d'ici *from here*
différences *differences*

différent(e) *different*
(elle) disait *(she) was saying*
(il/elle) (a) dit *(s/he) said*
d'ou *from where*
d'uniforme : pas d'uniforme *no uniform*
dans *in, to*
danse *dances (verb)*
dansé : nous ayons dansé *we danced*
dansent *(they) dance*
danser *to dance*
de *of, for, from, some*
    de la *of the, some*
    de rien *you're welcome*
décris *describe*
décris-moi *tell me about (command)*
délicieuses *delicious*
demain *tomorrow*
demande *asks*
depuis *for (a period of time)*
dernier *last*
des *some, about, from*
descend de *gets off*
désordre : en désordre *messy*
deux *two*
devant *in front of*
dire *to tell*
disques : disques compacts *CDs*
dit *says*
    dit-on *do you say*
dix *ten*

docteurs *doctors*
dois *(you) have to*
doit *has to*
doivent *(they) have to*
(il/elle) donnait *(s/he) was giving*
(ils) donnaient *(they) were giving*
donc *therefore*
donne *gives*
(elle) (a) donné *(she) gave*
(ils) (ont) donné *(they) gave*
donnent *(they) give*
donnons *(we) give*
(elle) (a) dormi *(she) slept*
dormir *to sleep*
dort *sleeps*
douze *twelve*
du *some, of the*

E
échange *exchange*
école *school*
économiser *to save money*
(elle) écoutait *(she) was listening*
écoute *listens to*
(elle) (a) écouté *(she) listened*
(ils) (ont) écouté *(they) listened*
écoutent *(they) listen to*
écris-moi *write to me (command)*
écrit *writes*
élève *student*

elle *she, her*
elles *they*
embrasse *hugs, kisses*
(elle) (a) embrassé *(she) hugged*
(ils) (l'ont) embrassée *(they) hugged her*
(ils) (ont) emmené *(they) took (someone somewhere)*
emmènent *(they) take*
en *some, to, in, about it*
    en achètent *(they) buy some*
    en autobus *by bus*
    en désordre *messy*
    en face de *across from*
    en parler *to talk about it*
    en train *by train*
    en ville *to town*
    il y en a *there are some*
enchanté *nice to meet you*
encore *again, more*
    encore du temps *more time*
    encore une fois *again, once again*
enfants *children*
ensuite *then*
entend *hears*
(elle) (a) entendu *(she) heard*
entre dans *goes into*
(elle) (est) entrée *(she) entered*
(elles) (sont) entrées *(they) entered*
entrent dans *(they) go into*
es *(you) are*

est *is*
est-ce *is it*
    est-ce que *do, does, is, are (introduces a question)*
et *and*
étais *(you) were*
(tu) étais *(you) were*
(il/elle) était *(s/he) was*
(ils) étaient *(they) were*
États-Unis *United States*
été *summer; been*
(a) été *was*
êtes *(you) are*
être *to be*
    ma famille va être *my family is going to be*
(elle) étudiait *(she) studied*
étudie *studies*
étudier *to study*
étudions *(we) study*
euros *Euros (European monetary unit)*
européen *European*
excuse-moi *sorry, excuse me*
exemple : par exemple *for example*
exercices *exercises*
expérience *experience*
expert *expert*
explique *explains*
(elle) (a) expliqué *(she) explained*

F

face : en face du *across from*
fâchée *angry*
faire *to do*
fais *(I) do*
(il) (lui) faisait (la bise) *(he) was kissing her*
  Il ne faisait que regarder *he only watched*
(ils) faisaient la bise *they were kissing*
  faisaient des exercices *were exercising*
faisons *(we) do*
fait *does*
  il ne fait que *all he does is*
  il/elle a fait la bise *s/he kissed*
  lui fait la bise *gives her a kiss*
  elles ont fait des exercices *they exercised*
famille *family*
  la famille Dupont *the Dupont family*
fantastique *fantastic*
fatiguée *tired*
fête *party*
fière *proud*
fille *girl, daughter*
fils *son*
fin *end*
fois *time, instance*
font *(they) do*

font la bise *(they) give a kiss*
fort, forte *loud*
fous *crazy people*
français, française *French*
frappe *knocks*
(elle) (a) frappé *(she) knocked (at the door)*
frère *brother*
friterie *French fry place*
frites *French fries*
frustrée *frustrated*
fruits *fruits*

G

garage *garage*
garçon *boy*
garder le contact *to keep in touch*
gare *(train) station*
gaufres *waffles*
gênée *embarrassed*
gens *people*
grand(e) *tall, big*
gymnase *gym*

H

(elle) habitait *(she) was living*
habite *lives*
habitent *(they) live*
habitués *used to, accustomed to*
hé *hey*
heure *hour*
heures: sept heures *seven o'clock*

homme *man*
hôpital *hospital*
huit *eight*

I

ici *here*
idee *idea*
il *he, it*
   il n'y a pas *there isn't*
   il y a *there is*
   il y en a *there are some*
ils *they*
important *important*
incroyable *unbelievable*
inquiète *worried*
intéressant *interesting*
invite *invites*
(il/elle) (a) invité *(s/he) invited*

J

j'achète *I buy*
j'adore *I love*
j'ai *I have*
   j'ai besoin de *I need*
j'aime *I like, love*
   j'aime bien *I really like*
j'aimerais (bien) *I would like*
j'apprecie *I appreciate*
j'en ai besoin *I need it*
j'étudie *I study*
jamais *never*
jaune *yellow*
je *I*
jeune *young*

jeunes *young people*
joue *cheek*
jour, journée *day*
jusqu'à *right to*

L

l'accompagne *goes with her*
l'adresse *the address*
l'aéroport *the airport*
l'aide *help her*
l'aime *like it*
(elle) laissait *(she) was leaving*
l'alimentation *food*
l'anglais *English (language)*
l'argent *the money*
   de l'argent *(some) money*
l'Armee du Salut *the Salvation Army*
l'arrivée *the arrival*
l'auto *the car*
l'autobus *the bus*
l'autre *the other*
l'avion *the airplane*
l'école *the school*
   autobus de l'école *school bus*
l'élève *the student*
l'embrassent *(they) hug her*
l'entend *hears her*
l'espagnol *Spanish (language)*
l'état *the state*
l'été *the summer*
l'histoire *history*
l'hôpital *the hospital*

la *the, her, it*
    ne la trouve pas *doesn't find them*
là *here*
laisse *leaves*
l'autre *the other*
le *the, it, him*
leçons *lessons*
lendemain *next day*
lentement *slowly*
les *the, them*
leur *to them*
leurs *their*
ligne aérienne *airline*
lit *bed, reads*
livre *book*
    livre d'histoire *history book*
longs *long*
longtemps *for a long time*
(elle) (a) lu *(she) read*
lui *her, him, to him/her, at him/her*
    lui prend la main *takes her hand*
lycée *high school*

M
m'appelle : je m'appelle *my name is*
ma *my*
Madame *Mrs.*
Madame *ma'am*
magasins *stores*
main *hand*

maintenant *now*
mais *but*
maison *house, home*
maman *mom*
mange *eats*
(elle) (a) mangé *(she) ate*
(elle) mangeait *(she) was eating*
(ils) mangeaient *(they) ate*
(tu) manges *(you) eat*
mangent *(they) eat*
manger *to eat*
    salle à manger *dining room*
marche *walks*
(elle) (a) marché *(she) walked*
(ils) (ont) marché *(they) walked*
marchent *(they) walk*
maths *math*
matin *morning*
    du matin *in the morning*
mauvais *bad*
me *me*
    me donne toujours *always gives me*
    me rendre visite *visit me*
mécanicien *mechanic*
meilleure *best*
meilleures *better*
merci *thank you*
mère *mother*
merveilleuse *marvelous*
mes *my*
message *message, note*
mieux *better*

minutes *minutes*

Mme *Mrs.*

moi *(to) me*

mois *months*

mon *my*

monte : monte dans *gets in, gets on*

    monte sur *gets on*

(elle) (est) montée *(she) got in*

(il) (a) montré *(he) showed, pointed to*

monter un plan *to make a plan*

montre *shows*

moto *motorcycle*

    à moto *by motorcycle*

municipale *municipal, city (adjective)*

musique *music*

N

n'a pas *doesn't have*

n'a que cinq ans *is only 5 years old*

n'achète pas *doesn't buy*

n'ai : je n'ai pas *I don't have*

n'aide : n'aide jamais *never helps*

    personne n'aide *nobody helps*

n'as : tu n'as pas besoin *you don't need*

n'avons : nous n'avons pas *we don't have*

n'est : n'est pas *is not*

n'est plus *isn't any more*

n'était pas *was not*

n'étudie pas *doesn't study*

n'ont pas *(they) don't have*

n'y : il n'y a pas *there isn't any*

(ils) nageaient *(they) were swimming*

nagent *(they) are swimming*

ne *not*

neuf *(brand) new, nine*

neuve *new*

non *no*

    non plus *either*

normale *normal*

nos *our*

notes *grades*

notre *our*

nourriture *food*

nous *we*

    chez nous *at (our) home*

nouveau : à nouveau *once again*

nouveaux *new*

nouvelle *new*

nouvelles *news*

nuit : la nuit *at night, that night*

O

occasion *opportunity*

offre *offers*

on *they, one*

ont *(they) have*

onze *eleven*

onzième *eleventh*
oranges *oranges*
ou *or*
où *where*
oui *yes*
(elle) (a) ouvert *(she) opened*
(on) offrait *(people) offered*
ouvre *opens*

P
paie *pays*
papa *dad*
papier *(piece of) paper*
par *for, by*
    par : par exemple *for example*
    par terre *on the floor*
parc *park*
parce que *because*
parfaite *perfect*
parfaitement *perfectly*
(elle) parlait *(she) was talking*
(ils) parlaient *(they) were talking*
    ils parlaient tous *everyone was talking*
parle *talks, speaks*
    nous ayons beaucoup parlé *we spoke a lot*
(elle) (a) parlé *(she) talked*
(ils) (ont) parlé *(they) talked*
    ils ont longtemps parlé *they talked for a long time*
parlent *(they) are talking*

parler *to talk, speak*
(tu) parles *(you) talk, speak*
parlez *(you) speak*
pas *not*
    pas de problème *no problem*
passe *spends (time)*
(elle) (a) passé *(she) spent*
passer *to spend (time)*
pauvre *poor*
pauvres *poor people*
(on) payait *(people) paid*
payer *(to) pay*
pendant *during, for*
    pendant qu'elle *while she*
pense à *thinks about*
(elle) (a) pensé *(she) thought*
(elle) pensait *(she) was thinking*
père *father*
permission *permission*
personne *nobody, person*
personnes *people*
perspective *perspective*
petite *small*
peu : un peu *a little (bit)*
peur : a peur *is afraid*
peut *can*
peuvent *(they) can*
(je/tu) peux *(I/you) can*
piscine *swimming pool*
    Piscine Municipale *city swimming pool*
plaisir *pleasure*
    avec plaisir *with pleasure*
plaît : s'il te plaît *please*

plan *plan*

   on va monter un plan *we'll put together a plan*

plus *more*

   plus tard *later*

   n'a plus *doesn't have any more*

pomme *apple*

populaire *popular*

porte *wears, is wearing; door*

(elle) (a) porté *(she) wore*

portons *(we) wear*

pose *asks*

(elle) (a) posé (une question) *(she) asked a question*

   elles se sont posé beaucoup de questions *they asked each other many questions*

posent: se posent *(they) ask each other*

possible *possible*

poulet *chicken*

pour *for, to*

pourquoi *why*

(il/elle) pouvait *(s/he) was able to, can*

(ils) pouvaient *(they) could*

préférée *favorite*

première *first*

prend *takes*

   lui prend la main *takes her hand*

prennent *(they) take*

(ils) (ont) préparé *(they) prepared*

préparent *(they) prepare*

près *near*

président *president*

(il/elle) (a) pris *(s/he) took*

(elles) (ont) pris *(they) took*

privée *private*

problème *problem*

   pas de problème *no worries*

prochain *next*

produits *products*

prof *teacher*

professeur *teacher*

projet *project*

promène : se promene *walks*

(elle) (s'est) promenée *(she) walked*

publique *public*

puis *then*

Q

qu'Anne: parce qu'Anne *because Anne*

qu'elle : parce qu'elle *because she*

   pendant qu'elle *while she*

qu'est-ce que *what*

qu'il y a *that there is*

qu'ils : parce qu'ils *because they*

qu'un *that a*

   ne comprend qu'un peu *only understands a little*

quand *when*
quatorze *fourteen*
que *that, than*
    parce que *because*
Quel age as-tu ? *How old are you?*
quelle *what*
    de quelle couleur *what color*
quelques *a few*
questions *questions*
qui *who*
quinze *fifteen*
(elles) (ont) quitté *(they) left*
quittent *(they) leave*

R
ramasse *pick up (command)*
ranger : la ranger *clean it up, straighten it up*
rapide *fast (adjective)*
rapidement *quickly, fast*
rarement *seldom*
recevoir *to receive*
(elle) (a) rencontré *(she) met*
reçoit *receives*
(elle) (a) reçu *(she) received*
(il) regardait *(he) was watching*
regarde *watches, looks at*
(il/elle) (a) regardé *(s/he) watched*
regarder *(to) watch*
religieuse *religious*

religion *religion*
remercie *(I) thank*
rencontre *meets*
rendre : lui rendre visite *to visit her*
rentre *returns*
rentrons *let's go back (home)*
repas *meal*
répète *repeats*
répond *answers*
(il/elle) (a) répondu *(s/he) answered*
ressemblait *resembled*
ressemble *resembles*
restaurant *restaurant*
reste *rest, remainder*
rester en contact *to stay in touch*
retourne *returns*
(elle) (est) retournée *(she) returned, went back*
(elles) (sont) retournées *(they) returned, went back*
retournent *(they) return*
retourner *to return*
réveille : se réveille *wakes up*
(elle) (s'est) réveillée *(she) woke up*
(elles) (se sont) réveillées *(they) woke up*
réveillent : se réveillent *(they) wake up*
reviens *(you) return*
revoir : au revoir *goodbye*

(il) (a) ri *(he) laughed*
rien *nothing*
    de rien *you're welcome*
    ne ... rien *nothing, not ... anything*
    rien payer *to pay nothing*
rit *laughs*
rue *street*

S

s'appelle *is named, is called*
s'appellent *(they) are named*
    comment s'appellent *what are the names of*
s'approche *goes up to*
s'approchent *(they) go up to*
s'asseyent *(they) sit down*
s'assied *sits down*
s'échapper *get away*
s'il te plaît *please*
sa *her, his*
sais *(I, you) know*
salade *salad*
salle *room*
    salle à manger *dining room*
    salle de bains *bathroom*
salon *living room*
saluer *to greet*
salut *hi*
se *herself, each other*
secrétaire *secretary*
seize *sixteen*
    à seize ans *at the age of sixteen*

elle a seize ans *she is sixteen years old*
j'ai seize ans *I'm sixteen years old*
sept *seven*
serre : lui serre la main *shakes her hand*
ses *her (adjective)*
seule *alone*
si *if*
six *six*
sœur *sister*
sofa *couch*
soir *evening*
soirées *parties*
sommes *(we) are*
son *her (adjective)*
sont *(they) are*
    ne sont pas venus *(they) didn't come*
sort *takes out*
sortes *kinds*
(elle) (a) sorti *(she) took out*
soupe *soup*
(elle) (a) souri *(she) smiled*
(elle) souriait *(she) was smiling*
sourit *smiles*
souvent *often*
spécial(e) *special*
suis *(I) am*
super *fantastic*
supermarché *supermarket*
sur *on*
sûre *sure*

surprise *surprised (adjective)*
sympa *nice*

T

t'appelles-tu : Comment t'appelles-tu ? *What is your name?*
t'apprendre *to teach you*
t'écris *(I) will write to you*
ta *your*
table *table*
tard *late*
  plus tard *later*
taxi *taxi*
te *you, to you*
  s'il te plaît *please*
télévision *television*
temps *time*
  encore du temps *more time*
terre : par terre *on the floor*
tes *your*
texto *SMS, text message*
toi *you*
  chez toi *at (your) home*
toilettes *toilet*
ton *your*
toujours *always*
tous *all, everyone*
tout(e) *everything, all*
  c'est tout *that's all*
  tout l'été *the whole summer*
  toute la famille *the whole family*
  toute seule *all by herself*

toutes *all*
  toutes les deux *both*
traditionnelles *traditional*
train *train*
transport *travel, transportation*
(il/elle) travaillait *(s/he) was working*
travaille *works*
treize *thirteen*
trente *thirty*
très *very*
triste *sad*
trois *three*
trouve *finds*
(elle) (a) trouvé *(she) found*
  Elle ne l'a pas trouvé *she didn't find it*
tu *you*

U

un, une *a, one*
uniforms *uniforms*
usagés *used (adjective)*

V

va *goes, is going*
  Ça va? *How are you?; How's it going?*
  Comment va ... ? *How is ... ?; How's ... going?*
vais *(I) go, am going*
  je vais bien *I am well*
variés *various, many*
variété *variety*

vas *(you) are going*
vélo : à vélo *by bike*
vend *sells*
(on) vendait *(they) sold*
venir *(to) come*
venus : ne sont pas venus
   (they) didn't come
vêtements *clothes*
veulent *(they) want*
veut *wants*
(je) veux *I want*
vie *life*
vieille *old*
viens-tu *do you come*
vient *comes*
ville *town*
   en ville *to town*
visite *visit (noun)*
   rendre visite *to visit*
visiter *to visit*
vivre *(to) live*
voir *to see*
voit *sees*
voiture *car*
vole *flies (verb)*

(il) (a) volé *(it) flew*
volume *volume*
   baisse le volume *turn down*
   the volume
vont *(they) go*
votre *your*
voudrais *(I) would like*
voudrait *would like*
(elle) voulait *(she) wanted*
(ils/elles) voulaient *(they)*
   wanted
vous *you*
voyage *trip*
voyagent *(they) travel*
vrai *true*
vraiment *really*
(il/elle) (a) vu *(s/he) saw*

Y
y *there*
   il y a *there is, there are*
   je voudrais y aller *I'd like to*
   go there
yeux *eyes*

You just read my story in the present tense. Now flip the book over and see how you do with my story in the past tense!

Table des matières

Chapitre 1 La famille d'Anne ·············1

Chapitre 2 Une bonne occasion ·············8

Chapitre 3 Un long voyage ·············13

Chapitre 4 Un jour en ville ·············20

Chapitre 5 Une nouvelle amie ·············23

Chapitre 6 Une fête en ville ·············28

Chapitre 7 Anne va retourner ·············33

Chapitre 8 Messages entre amis ·············36

Chapitre 9 Une nouvelle perspective ·············41

Glossaire ·············G-1

Chapitre un
La famille d'Anne

Anne était une jeune fille américaine. Elle avait beaucoup de problèmes. Elle avait des problèmes comme toutes les autres filles de son âge. Elle avait seize ans. Elle n'était pas très grande. Elle avait les cheveux longs. Elle était brune avec les yeux bleus.

Anne habitait avec sa famille à Middletown dans l'État de New York. Elle avait un papa, une maman, un frère et une sœur. Anne habitait dans une maison bleue. La maison n'était pas grande, mais elle n'était pas petite non plus.

Anne allait à l'école dans la ville. L'école n'était pas grande. Elle s'appelait Middletown High. Anne était en onzième année.

Son père s'appelait Robert. Il travaillait dans un garage. Il était mécanicien. Sa mère s'appelait Ellen. Elle travaillait dans un hôpital. L'hôpital s'appelait Mercy Hospital. Sa maman était secrétaire à l'hôpital. Elle était secrétaire pour cinq docteurs. Son frère s'appelait Don et sa sœur s'appelait Patty.

Written by Blaine Ray
Illustrations by Juan Carlos Pinilla Melo

Published by:
TPRS Books
9830 S. 51st Street-B114
Phoenix, AZ 85044

Phone: (888) 373-1920
Fax: (888) 729-8777
www.tprsbooks.com
info@tprsbooks.com

First edition November 2000

Printed in the U.S.A. on acid-free paper with soy-based ink.

ISBN-10: 1-60372-397-8
ISBN-13: 978-1-60372-397-8

Pauvre Anne

Blaine Ray

Don avait quatorze ans. Patty avait onze ans.

Anne avait des problèmes avec sa mère parce que sa mère criait beaucoup. Quand Anne laissait un livre d'école par terre, sa mère criait : « Anne, ramasse le livre ! Ne laisse pas le livre par terre ! » Quand Anne mangeait du chocolat, sa maman criait: « Anne ! Ne mange pas de chocolat ! Mange une pomme. Mange des fruits. Les fruits sont bons. Le chocolat est mauvais ! Tu as besoin de fruits, mais tu n'as pas besoin de chocolat. »

Anne avait des problèmes avec son père. Elle voulait de l'argent. Elle voulait de nouveaux

vêtements. Anne disait à son père:

— Papa, je veux de l'argent. Je veux des vêtements. Je veux manger dans un restaurant.

— Je n'ai pas beaucoup d'argent. Je suis pauvre. Tu as des vêtements et tu as de la nourriture. Tu n'as pas besoin d'argent.

Anne avait des problèmes avec Don aussi. Par exemple, un jour elle cherchait un livre important. C'était le livre pour son cours d'anglais. Elle avait besoin du livre. Elle a cherché le livre, mais elle ne l'a pas trouvé. Anne a dit à Don:

— Don, j'ai besoin de mon livre. C'est un livre très important. Aide-moi, mon cher frère.

Don ne l'a pas aidé. Il n'a pas cherché le livre. Il regardait la télévision. Il a ri des problèmes de sa sœur. Personne n'aidait Anne.

Anne avait d'autres problèmes avec sa sœur Patty. Un jour Patty a pris le chemisier d'Anne. Patty n'avait pas la permission d'Anne. Patty a porté le chemisier pour aller à l'école. Après les cours, Anne est entrée dans sa chambre. Elle a regardé ses vêtements. Elle n'a pas vu son chemisier. Elle a crié : « Où est mon chemisier ? » Patty n'a pas répondu. Elle a ri. Elle avait le chemisier d'Anne,

mais elle ne lui a rien dit. Patty a ri des problèmes d'Anne. Pauvre Anne !

Anne avait deux bonnes amies. Une des amies s'appelait Elsa. Elle avait seize ans. Elle était blonde. Elle allait à Middletown High aussi. Elle n'étudiait pas le français. Elle étudiait l'espagnol. Elsa n'avait pas de problèmes avec sa famille. Elsa avait beaucoup de vêtements. Sa famille lui donnait toujours de l'argent. Elsa avait une nouvelle voiture. C'était une Ford Mustang. Le père d'Elsa lui a donné la voiture. Elsa ne devait rien payer pour la voiture. Elle allait à l'école dans sa nouvelle voiture. Anne n'avait pas de voiture. Elle allait à l'école dans l'autobus jaune de l'école.

Anne était triste parce qu'elle n'avait pas de nouvelle voiture. Elle était triste parce qu'elle allait à l'école dans l'autobus jaune. Pendant le week-end elle devait conduire la vieille voiture de ses parents.

L'autre amie d'Anne s'appelait Sara. Sara avait quinze ans et elle avait les yeux bruns et les cheveux longs. Elle étudiait beaucoup. C'était une très bonne élève. Elle avait de bonnes notes à l'école. Sara n'avait pas de problèmes avec sa famille. La famille de Sara avait beaucoup d'argent. Sara allait

souvent au centre commercial. Le centre commercial s'appelait Galleria Crystal Run. Sara achetait beaucoup de nouveaux vêtements. Elle achetait toujours ses vêtements au magasin American Eagle. Elle achetait des chaussures Nike. Quand Sara avait encore besoin d'argent, elle en demandait à son père et son père lui donnait encore plus d'argent ! Elle achetait beaucoup de vêtements.

Anne était triste parce qu'elle n'avait pas assez d'argent pour acheter beaucoup de nouveaux vêtements. Elle achetait rarement de nouveaux vêtements. Elle achetait ses vêtements à Wal-Mart. Elle n'achetait pas de chaussures Nike. Elle n'achetait pas de vêtements Lululemon. Sara et Elsa achetaient des vêtements Lululemon et elles achetaient des chaussures Nike. Anne était triste.

La famille d'Anne ne mangeait pas souvent au restaurant. Les amies d'Anne mangeaient souvent au restaurant. La famille d'Anne ne mangeait pas souvent au restaurant parce qu'ils voulaient économiser.

Chapitre deux
Une bonne occasion

Un jour, Anne s'est réveillée à sept heures du matin. Elle a parlé avec sa mère. Elle a dit:

— J'ai besoin de mon livre d'histoire parce que je vais à l'école.

—Quel âge as-tu, Anne ? a crié sa mère, fâchée. Où est ton livre ? Pourquoi est-ce que ton livre n'est pas dans ta chambre ? De quelle couleur est le livre ? Il y a un livre jaune sur ton lit. Cherche-le dans ta chambre. Il est sur ton lit.

Anne a parlé avec son frère. Elle lui a dit :

— Cherche mon livre d'histoire. C'est très important. J'en ai besoin pour mon cours d'histoire.

Don s'est assis sur le sofa et il ne lui a pas répondu. Il ne l'a pas aidée. Il ne faisait que regarder la télévision. Il n'aidait jamais Anne. Anne était triste parce que sa maman était fâchée et parce qu'elle criait quand elle était fâchée. Anne était frustrée parce que son frère ne l'aidait pas.

Anne est entrée dans sa chambre. Son livre

jaune était sur le lit. Elle a pris le livre jaune et elle est allée à l'école. Quand elle est arrivée à l'école, elle a vu son amie Sara. Sara portait un nouveau vêtement LuluLemon. C'était un beau chemisier bleu. Il était super. Le bleu était la couleur préférée d'Anne. Anne a regardé le chemisier et a dit:

— J'aime bien ton chemisier. Il est neuf ?

— Oui, mon chemisier est neuf. Mon père me donne toujours de l'argent pour acheter des vêtements. J'aime les nouveaux vêtements. J'achète toujours mes vêtements chez American Eagle.

Anne était très triste parce qu'elle n'avait pas de nouveaux vêtements. Elle n'avait pas de vêtements Lululemon. Elle était triste parce qu'elle avait des problèmes avec sa famille. Elle ne souriait jamais.

Anne est allée à la classe de français. Elle avait un très bon professeur qui s'appelait Madame Brodé. Madame Brodé était professeur depuis quinze ans. Mme Brodé a parlé à la classe. Elle a dit qu'il y avait une bonne occasion pour un élève de Middletown High. Un élève pouvait aller en Belgique. L'élève pouvait vivre avec une

famille en Belgique pendant les trois mois d'été. Ça ne coûtait rien parce que l'école allait payer le transport et la famille belge allait payer les repas.

Après la fin de cours Anne a parlé avec Madame Brodé. Anne a dit: « Je voudrais aller en Belgique. J'aime la Belgique. Je voudrais vivre avec une famille belge. » Anne était contente. Elle voulait aller en Belgique. Elle voulait vivre avec une famille belge. Elle voulait s'échapper de ses problèmes aux États-Unis. Anne s'est promenée pendant cinq minutes. Puis elle est montée dans le bus jaune.

Elle est rentrée chez elle et elle a parlé avec son père.

— Madame Brodé est ma prof de français. Elle dit qu'un élève de Middletown High peut aller en Belgique pendant les trois mois d'été. Je voudrais y aller. J'aime la Belgique. Je voudrais vivre avec une famille belge. Madame Brodé dit que c'est une très bonne expérience.

— Il n'y a pas d'argent ! a crié son père. Je n'ai pas d'argent ! Je ne peux pas payer !

— Papa, l'école va payer. Tu ne dois rien payer. C'est une bonne occasion pour moi. S'il te

plaît, papa. Je voudrais aller en Belgique.

Quand Anne a dit que le voyage ne coûtait rien, son père était très content. Il lui a dit: « Anne, il n'y a pas de problème. Tu peux aller en Belgique. »

Chapitre trois
Un long voyage

Trois mois plus tard, Anne était très animée parce qu'elle allait en Belgique dans deux jours. C'était le dernier jour de cours à l'école. Après le cours de français, Mme Brodé a parlé avec elle.

— Anne, la Belgique est très différente des États-Unis. Les jeunes en Belgique ne peuvent pas conduire à seize ans. Ils voyagent souvent à moto ou à vélo, en autobus ou en train. C'est une bonne occasion pour toi.

— Je suis très contente d'avoir cette occasion. Merci de votre aide.

C'était un jour spécial quand Anne est allée à l'aéroport dans la ville de New York. L'aéroport de New York était très grand. Toute la famille est allée avec Anne à l'aéroport. Sara et Elsa sont aussi allées à l'aéroport. Anne a sorti son billet d'avion. Elle allait en Belgique avec la ligne aérienne Sabena. Anne était un peu triste. Elle avait aussi un peu peur. Elle a regardé sa famille et ses amies. Elle les a tous embrassé. Ils ont crié :

« Au revoir ! » Anne est montée dans l'avion.

Après un long voyage, Anne est arrivée à Bruxelles, la capitale de la Belgique. La famille Dupont n'était pas à l'aéroport quand elle est arrivée. Elle a cherché sa nouvelle famille, mais elle ne l'a pas trouvée. Elle a cherché beaucoup, mais elle n'a pas vu sa famille. Elle était très inquiète ! Elle a vu un jeune homme. Elle a parlé avec lui.

— Bonjour. Je m'appelle Anne. Je suis américaine. Je cherche ma famille belge, mais elle n'est pas là. C'est la famille Dupont. Il y a six personnes dans la famille. Ils habitent à Namur.

— Enchanté. Je m'appelle Olivier Gauthier.

Olivier lui a parlé encore, mais Anne ne comprenait pas ! Olivier lui a pris la main et il lui a montré le train pour Namur. Elle a regardé Olivier.

— Merci, Olivier. Je vous remercie de votre aide.

— De rien. Bonne chance en Belgique. Bonne chance avec ta famille.

Anne est montée dans le train. Le train était très rapide. Anne est arrivée à la gare de Namur

après une heure. Elle est descendue du train et a pris ses bagages.

Elle a vu un taxi. Elle a sorti un papier avec l'adresse de sa nouvelle famille belge. Elle a donné le papier au chauffeur de taxi. Le chauffeur a regardé le papier qui avait l'adresse de la maison. Pendant qu'elle était dans le taxi, le chauffeur lui a parlé, mais elle ne comprenait pas. Elle souriait et disait oui. C'était tout.

Anne avait un peu peur parce que la famille n'était pas à l'aéroport. Elle avait peur aussi parce qu'elle était en Belgique et elle ne comprenait pas beaucoup le français !

Le taxi est allé jusqu'à l'adresse de la nouvelle famille. Il est allé jusqu'à la nouvelle vie d'Anne ! Le chauffeur a cherché la maison de la famille belge d'Anne. Le taxi est arrivé à la maison. Anne a dit merci au chauffeur et lui a donné un peu d'argent.

Elle est descendue de l'auto et a marché jusqu'à la porte. Elle a frappé à la porte. Une fille de 14 ans a ouvert la porte. Anne a regardé la fille et lui a dit: « Bonjour, je m'appelle Anne. Je suis américaine. »

La fille était très surprise. Elle a dit: « Bonjour, je m'appelle Mireille. Pauvre fille ! Ma famille n'est pas allée à l'aéroport. Tu étais toute seule. Pauvre Anne ! » Anne lui a souri et a dit: « Pas de problème. Je suis ici. »

La famille a expliqué à Anne pourquoi ils n'étaient pas venus à l'aéroport, mais Anne n'a rien compris. Anne ne comprenait rien, mais elle a souri et a dit oui.

Anne les a tous regardé. Ils parlaient tous. Ils parlaient très rapidement et Anne ne comprenait pas. Elle écoutait, mais elle ne comprenait pas. Elle était très inquiète parce qu'elle ne comprenait pas. Elle avait peur parce qu'elle était avec sa famille et elle ne comprenait rien !

La famille Dupont ressemblait à la famille d'Anne. Il y avait un père et une mère. Le père s'appelait Jean-François. La mère s'appelait Marie-Claire. Ils avaient deux filles et deux fils. Les filles s'appelaient Mireille et Sophie. Les fils s'appelaient Bernard et Joël. Mireille avait seize ans, Sophie avait quatorze ans, Bernard avait douze ans et Joël avait huit ans. C'était une bonne famille.

Le père lui a dit: « Bienvenue dans notre maison. Tu vas dormir dans la chambre de Mireille et Sophie. Notre maison est petite, mais notre famille est sympa. Tu es chez toi ici. » Anne a souri parce qu'elle a compris.

Mireille parlait un peu anglais et Anne parlait un peu français. Les deux pouvaient communiquer un peu. « C'est ma sœur Sophie », a dit Mireille. « Bonjour », a dit Anne. « Bonjour », a répondu Sophie.

Les trois filles sont allées dans la chambre. Elles se sont posé beaucoup de questions: « Tu as un copain ? Quel âge as-tu ? Tu aimes l'école ? Tu aimes la musique de Stromae ? » Anne a dit:

— S'il vous plaît. Je ne comprends pas. Parlez plus lentement.

— Quel âge as-tu ? répète Mireille très lentement.

— J'ai seize ans.

Mireille a souri parce qu'Anne comprenait.

— Tu as un copain ?

— Je n'ai pas de copain, répond Anne.

— Tu aimes l'école ?

— Oui, mon école est bonne. Elle s'appelle

Middletown High.

— Est-ce que tu aimes la musique de Stromae?

— Stromae est populaire aux États-Unis. J'aime bien la musique de Stromae.

— Ta famille a une voiture ?

— Oui, nous avons une voiture, c'est une Toyota. Elle n'est pas neuve.

Maintenant Anne était plus sûre d'elle-même. Elle a posé des questions aux deux filles:

— Comment s'appellent tes amies ?

— Ma meilleure amie s'appelle Valérie, répond Mireille. J'ai une autre amie qui s'appelle Emilie. Elles vont toutes les deux à mon école. Elles habitent à Namur. Valérie a quatorze ans et Emilie a quinze ans.

Sophie a dit:

— Ma meilleure amie s'appelle Véronique. Elle va à mon école. Elle est très sympa.

Anne, Mireille et Sophie ont parlé pendant trois heures. Anne ne comprenait qu'un peu, mais elle était contente d'être en Belgique. Anne aimait sa nouvelle famille. Elle aimait la Belgique.

Chapitre quatre
Un jour en ville

À neuf heures du matin, Anne s'est réveillée. Mireille et Sophie se sont réveillées aussi. Elles ont emmené Anne en ville. Anne, Mireille et Sophie ont marché au gymnase. Le gymnase s'appelait « CrossFit Namur ». Anne a regardé les personnes. Tous les gens faisaient des exercices. Anne aimait le gymnase.

Ensuite, les trois filles sont allées au parc. Le parc s'appelait « Balzac ». Anne était très surprise parce qu'il n'y avait pas beaucoup de personnes dans le parc. Anne voulait voir des enfants dans le parc. Elle voulait parler français avec des enfants. Ensuite les trois filles sont allées à la piscine. C'était la Piscine Municipale. Beaucoup de personnes étaient à la piscine. Il y avait beaucoup d'enfants qui nageaient.

Puis elles ont pris le bus et elles sont allées dans un très grand magasin. Le magasin s'appelait Carrefour. Dans le magasin, il y avait des vêtements, des disques compacts, des DVDs et

beaucoup d'autres choses. Il y avait du Pepsi et du Coca-Cola, mais il n'y avait pas d'autres boissons américaines. Il y avait une grande variété de boissons. Dans le Carrefour il y avait de l'alimentation aussi. Il y avait des produits alimentaires variés. C'était différent de ce qu'il y avait aux États-Unis. Anne a vu qu'il y avait des fruits. Les fruits étaient comme les fruits dans les magasins aux États-Unis. Il y avait des bananes, des oranges, des pommes et des ananas.

En face du magasin, on vendait des frites. Anne a regardé les gens dans la rue. Les familles achetaient beaucoup de frites. Elles n'étaient pas chères. Beaucoup de familles en achetaient. Anne n'a rien acheté parce qu'elle n'avait plus d'argent belge.

Elle est allée à la banque. La banque s'appelait la BBL. Anne avait trente dollars. Elle les a donnés au caissier de la banque et elle a reçu des euros en échange. Elle était contente parce qu'elle avait de l'argent européen. Après, elle a marché. Elle a vu une friterie. Elle a acheté des frites. Les frites coûtaient un euro et 25 centimes. Anne a mangé les frites et a dit: « J'aime ça. Elles sont meilleures

que les frites chez McDonald's ! Elles sont délicieuses ! »

Les trois filles sont retournées à la maison. Quand elles étaient dans la maison, Sophie a sorti une radio. Elles ont écouté la radio. Le volume était très fort. La mère a entendu la musique et a crié: « Hé les filles ! La musique est très forte. Baissez le volume. Maintenant ! » Anne était surprise parce que la mère de Mireille et Sophie a crié. Anne a passé le reste de la journée à la maison. Elle a écouté de la musique et a regardé la télévision. Elle ne comprenait pas beaucoup. La nuit elle était très fatiguée et elle a très bien dormi.

Chapitre cinq
Une nouvelle amie

Le lendemain, Anne s'est réveillée et est allée toute seule au gymnase. Elle a rencontré une fille au gymnase. La fille s'appelait Brigitte. Brigitte était très sympa. Elles ont fait des exercices pendant une heure. Après, Brigitte a invité Anne à sa maison. Anne a accepté et les deux filles ont quitté le gymnase et sont allées chez Brigitte. Brigitte et Anne sont entrées dans la maison.

Brigitte a ouvert la porte. La mère de Brigitte l'a entendue et elle lui a crié:

—Brigitte, ta chambre est en désordre. Tu dois la ranger !

—Excuse-moi, maman. J'ai une nouvelle copine. Elle s'appelle Anne. Elle est de New York aux États-Unis. Elle va passer trois mois ici.

La mère est entrée dans la salle et a regardé Anne. Elle lui a serré la main et a dit:

— Enchantée Anne, bienvenue en Belgique.

— Merci, madame. Enchantée.

Anne et Brigitte sont allées dans la chambre

de Brigitte. Elles se sont assises sur le lit et elles ont parlé. Anne ne comprenait pas beaucoup, mais elle comprenait un peu.

— Tu aimes la Belgique ?

— Oui, mais je ne comprends pas beaucoup le français. J'ai besoin de passer encore du temps en Belgique.

— Tu aimes la musique en Belgique ?

— Oui, je l'aime. J'aime la musique française. J'aime toutes sortes de musique. J'aime aussi danser. Il y a des fêtes ici ?

— Oui, il y a souvent des fêtes. J'adore danser, dit Brigitte. Est-ce que tu aimes la nourriture belge ?

— Oui, j'aime les frites et les gaufres. J'aime beaucoup la nourriture belge ! On ne mange pas les frites et les gaufres comme ça chez nous.

— Comment dit-on « les frites » en anglais ?

— « French fries ».

— Mais elles ne sont pas françaises, elles sont belges ! crie Brigitte.

— C'est vrai ? Je vais le dire à toutes mes amies américaines ! On mange beaucoup de frites chez nous.

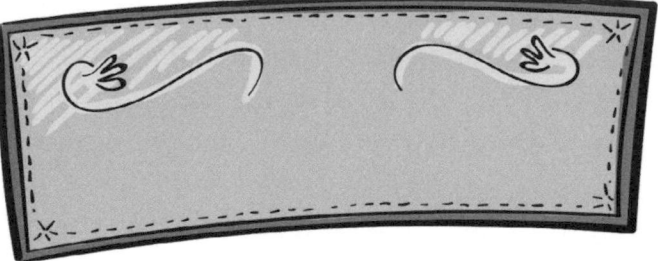

— Qu'est-ce que tu manges aux États-Unis ?

— Je mange des hamburgers et des frites, mais aussi de la pizza, du poulet, de la salade et de la soupe. Je mange beaucoup de choses comme en Belgique.

—J'aime les hamburgers, dit Brigitte. Comment s'appelle ton école ? Elle est bonne ? Décris-moi ton école.

— Mon école s'appelle Middletown High. Elle est près de la ville de New York. Elle est grande. Il y a 1500 élèves. J'aime mon école. J'aime les professeurs. Décris ton école.

— Mon école n'est pas une école publique. C'est une école privée. C'est un lycée. Il est bon. Nous portons des uniformes.

— À Middletown nous ne portons pas d'uniforme. Tu aimes les uniformes ?

— Oui ! J'aime les uniformes. Nous avons tous des uniformes. C'est bien. Nous sommes habitués aux uniformes. Notre lycée est une école religieuse. Elle est catholique. Nous étudions la religion à l'école.

— Middletown High est une école publique. Nous n'avons pas de cours de religion.

— Nous faisons des projets de charité aussi à notre école. Chaque année nous donnons nos vêtements usagés aux gens qui n'ont pas de maison.

— C'est un bon projet ! Je voudrais faire un projet comme ça aux États-Unis.

Brigitte et Anne ont longtemps parlé. Anne était très contente. Brigitte parlait très lentement et Anne comprenait. Quand Brigitte parlait rapidement, Anne ne comprenait pas. Elles ont parlé pendant deux heures. Puis Anne est retournée à sa maison. La nuit, Anne a dormi.

Chapitre six
Une fête en ville

Un soir, il y avait une fête en ville. Brigitte et Anne sont allées à la fête. Il y avait beaucoup de gens. Un garçon a regardé Anne. Il s'est approché d'Anne. Il a invité Anne à danser. Elle a accepté.

— Comment t'appelles-tu ? lui a demandé le garçon.

— Je m'appelle Anne, et toi ?

— Richard. Richard Chevalier. D'où viens-tu ?

— Je suis de l'État de New York aux États-Unis. Je suis en Belgique pour trois mois.

— Tu parles bien le français.

— Merci. Je parle beaucoup mieux maintenant.

— Tu sais danser le rock-and-roll ?

— Non, je ne le sais pas. Je ne danse pas bien, et toi ?

— Je suis expert en Rock-and-Roll. Je vais t'apprendre à danser. Je te donne des leçons de Rock. En trente minutes tu vas bien danser le Rock !

Les deux ont dansé. Richard était un bon

professeur. Il a appris le Rock à Anne. Après trente minutes, Anne dansait très bien. Ils ont dansé pendant deux heures. Ensuite, ils se sont assis à une table et ils ont parlé.

— Tu as une copine ? lui a demandé Anne.

— Je n'ai pas de copine. Je vais aux soirées et je danse, mais je n'ai pas de copine.

— Combien de personnes est-ce qu'il y a dans ta famille ? a demandé Anne.

— J'ai trois frères et une sœur. J'ai quinze ans. Mon frère Robert a treize ans. Mon frère Raoul a dix ans et mon frère Jean-Michel a huit ans. Ma petite sœur s'appelle Corinne. Elle n'a que cinq ans.

— Dans ma famille il y a cinq personnes. J'ai seize ans. Mon frère s'appelle Don. Il a quatorze ans. Ma sœur s'appelle Patricia. Elle a onze ans. Décris ta maison.

— C'est une maison moderne. Il y a trois chambres, une cuisine, un salon, une salle à manger, une salle de bains et des toilettes. Je conduis une moto. Tu aimes les motos ?

— Oui, j'aime les motos. Mais ma mère va crier si je monte sur une moto. J'ai beaucoup de

problèmes avec mes parents. Ils crient beaucoup. Quand je ne fais pas tout parfaitement, ils crient après moi.

— Anne, mes parents crient aussi. Mon père crie après moi. Ma mère crie après moi. Quand je laisse un livre sur la table, elle crie après moi. Il n'y a pas de famille parfaite. Toutes les familles ont des problèmes.

— C'est vrai ? Alors, je n'ai pas une famille de fous. J'ai donc une famille normale !

Il était très tard. Brigitte a vu Anne et Richard. Elle s'est approchée des deux et leur a dit:

— Il est très tard. Rentrons.

— Je vous accompagne. Ma maison est à 10 minutes d'ici, a dit Richard.

Les trois jeunes sont allées chez Brigitte. Ils ont marché et ils ont parlé Ils ont parlé de beaucoup de choses. Ils ont parlé des amis. Ils ont parlé des différences entre les États-Unis et la Belgique. Ils ont parlé des familles.

Après quelques minutes, ils sont arrivés devant la maison de Brigitte. Anne a dit au revoir à Richard. Richard lui a fait la bise. Anne était surprise parce que c'était la première fois qu'un

garçon lui faisait la bise. Elle était gênée. Brigitte lui a fait la bise sur la joue aussi. Toutes les filles en Belgique faisaient la bise pour saluer leurs amies. Les garçons faisaient aussi la bise aux filles mais pas souvent aux garçons. Richard leur a dit au revoir. Anne a dit à Brigitte:

— Je suis très contente, mais je suis triste aussi parce que je vais bientôt retourner aux États-Unis.

Chapitre sept
Anne va retourner

Demain, Anne allait retourner à New York. C'était un jour très important pour Anne. Elle était triste parce qu'elle allait retourner aux États-Unis. Anne devait dire au revoir à ses amis. Elle est allée chez Brigitte. Elle lui a fait la bise.

— Brigitte, c'est incroyable, mais demain à 6 heures du matin je vais retourner aux États-Unis. Je suis très triste. J'ai beaucoup d'amis ici. J'aime tout ici.

— Anne, tu es très sympa. Tu es ma meilleure copine, lui dit Brigitte. Je suis triste aussi. Je voudrais te rendre visite dans l'État de New York.

— L'été prochain, tu peux venir me rendre visite. Et tu peux passer tout l'été dans l'État de New York. L'état de New York est beau. Tu vas aimer New York.

Ensuite, Anne est allée chez Richard. Quand Richard a vu Anne, il lui a fait la bise.

— Je vais retourner aux États-Unis demain et je suis triste.

— J'ai beaucoup aimé passer du temps avec toi pendant ta visite en Belgique. Je suis vraiment content de t'avoir rencontré. Je suis content d'avoir dansé et d'avoir parlé avec toi. Toi et moi on est de bons amis.

— J'aimerais bien rester en contact avec toi. On peut garder le contact en ligne.

— C'est une bonne idée. Donne-moi tes coordonnées !

Anne a donné ses coordonnées à Richard et Richard lui a dit :

— Tu m'écris demain.

— Au revoir, a dit Anne

— Au revoir, a dit Richard

Anne était triste quand elle est retournée à la maison. Elle a dit au revoir à Mireille et Sophie. Elle a dit au revoir à ses parents belges.

— Merci pour tout. J'aime la famille ici. J'aime tout en Belgique. J'aime votre famille. Vous êtes tous très sympa. Toute cette expérience a été fantastique.

Toute sa famille belge l'a accompagnée à l'aéroport. Anne a donné les trois bises traditionnelles à toute la famille et leur a dit:

— Au revoir. J'aime la famille Dupont. Merci pour tout. J'apprécie vraiment cette occasion.

Anne est montée dans l'avion. Elle s'est assise. L'avion a volé de Bruxelles à New York.

Après l'arrivée, Anne est descendue de l'avion et a vu sa famille. Toute la famille était à l'aéroport. Elle les a vus et a crié: « Salut ! » Ils se sont approchés d'Anne et l'ont embrassée. Ils étaient tous contents parce qu'Anne était à nouveau aux États-Unis. Alors, Anne a vu ses amies et elle leur a crié : « Salut ! » Anne les a embrassées. Anne est rentrée chez elle. Elle était très contente parce qu'elle était à nouveau avec sa famille. Elle était aussi un peu triste parce qu'elle n'était plus en Belgique.

Chapitre huit
Messages entre amis

Anne est montée dans la voiture de sa famille et a dit:

— J'aime conduire. Je suis contente parce que je peux conduire la voiture ici. J'apprécie mes amies et ma famille. J'apprécie beaucoup plus ma vie.

Anne est entrée dans sa maison et a crié:

— Je suis chez moi !

Elle a regardé tout dans la maison. Rien n'avait changé. Elle est montée dans la voiture et elle a conduit toute seule chez ses amies pour leur dire bonjour. Elle a conduit au supermarché. Elle a conduit à l'école et elle a regardé les vêtements des jeunes. Elle était très contente d'être chez elle et de conduire où elle voulait. Ses amies voulaient une nouvelle Ford Mustang. Elles voulaient de nouveaux vêtements pour l'école. Anne était contente parce qu'elle pouvait conduire. Anne était une personne différente.

Elle pensait à sa famille en Belgique. Elle

pensait à Richard et à Brigitte. Un jour Anne a reçu un message de Richard. Elle a lu le message de texto.

Richard a écrit:

Ça va ? Comment va ta famille ? Comment ça va à l'école ?

Je suis très contente de recevoir ton texto. Tu es fantastique ! Toute ma famille va bien. Ma mère crie après moi, mais ce n'est pas important. J'ai une famille normale. Tout va bien ici. Mes cours sont bons. J'adore ma classe de français. Maintenant je parle beaucoup en classe de français. Mon prof dit que je parle bien ! En classe on parle de la Belgique. En classe, je parle beaucoup de mon expérience en Belgique. Et toi, ça va?

Je vais bien. Tout est bien ici en Belgique. Je vais à l'école. J'ai de bons cours. J'ai un cours d'anglais. C'est un bon cours. L'anglais est intéressant pour moi parce que je veux parler anglais avec toi. J'étudie aussi le français, les maths, la science et l'histoire de la Belgique. Nous étudions aussi l'histoire des États-Unis. C'est très intéressant aussi. J'aime étudier les États-Unis.

Comment sont Mireille et Sophie?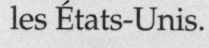

Mireille et Sophie vont bien aussi. Elles vont à l'école maintenant.

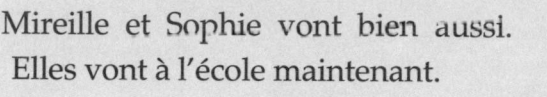

Comment est Brigitte?

Brigitte va bien. Elle étudie maintenant aussi. Elle veut parler anglais. Elle veut te rendre visite l'été prochain.

Je suis contente parce que Brigitte, Mireille, Sophie et toi, vous allez tous bien.

Quand est-ce que tu reviens en Belgique ? Je voudrais te voir. Je voudrais te parler.

Je voudrais visiter la Belgique encore une fois. Je crois que je vais retourner en Belgique dans deux ans.

Je voudrais rendre visite aux États-Unis.

Qui dit que tu peux me rendre visiter? :)

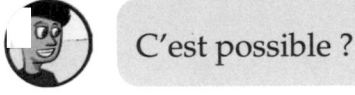

C'est possible ?

Oui !

C'est fantastique ! Je vais en parler avec mes parents ! Merci !

Avec plaisir ! Ma famille va être contente de te connaître. À plus tard!

Anne était très contente quand elle a lu les messages. Elle était contente parce que Richard allait bien. Elle était contente de recevoir les nouvelles de Richard, Brigitte et Mireille. Elle était contente aussi parce que Brigitte voulait venir lui rendre visite à New York.

Chapitre neuf
Une nouvelle perspective

Anne avait une nouvelle perspective sur la vie maintenant. Elle n'avait pas de problèmes. Elle avait une bonne famille. Sa mère criait après elle, mais en Belgique les familles criaient aussi. Elle avait beaucoup d'amis. Elle avait des amis belges. Elle avait des amis américains.

Anne a parlé avec un élève à l'école. Il s'appelait Paul. Paul était président du conseil d'élèves de l'école. Anne voulait faire un projet. Elle voulait que tous les élèves de Middletown High School donnent des vêtements usagés aux gens qui n'avaient pas de maison. Paul lui a dit: « Bonne idée. J'aime ton idée. Je vais en parler avec les autres élèves. On va monter un plan. »

Deux mois plus tard, il y a eu une fête à l'école. Les élèves sont allés à la fête. Quand ils allaient à la fête ils devaient payer. Mais c'était une fête spéciale. On ne payait pas d'argent pour aller à la fête. On offrait des vêtements. Les élèves ont donné des vêtements Guess, Lululemon et Levis. Il y en

avait qui donnaient de l'argent aussi.

Après la fête il y avait beaucoup de vêtements et il y avait aussi 538 dollars pour aider le projet. Un jour, après les cours, des élèves sont allés dans une salle et ont préparé les vêtements pour les pauvres qui n'avaient pas de maison. Anne et ses amies sont allées à l'Armée du Salut et ont donné tous les vêtements et l'argent.

Anne a pensé à ses amies en Belgique qui donnaient aussi des vêtements aux pauvres. Elle a pensé aux familles qui allaient recevoir les vêtements. Elle était fière d'aider les pauvres. Anne pensait beaucoup à l'été et à Brigitte. Elle était contente parce que Brigitte venait chez elle pour lui rendre visite. Elle pensait à la Belgique. Elle voulait retourner en Belgique dans deux ans. Elle souriait parce que la vie était merveilleuse.

Glossaire

A

a *has*
  a besoin de *needs*
  a (un peu) peur *is (a little) afraid*
à *in, at, to, about*
  à 10 minutes *10 minutes away*
  à moto *by motorcycle*
  à nouveau *once again*
  à seize ans *at the age of 16*
  à velo *by bike*
accepte *accepts*
(elle) (a) accepté *(she) accepted*
(l'a) accompagnée (il) *he accompanied her*
accompagne *goes with*
(elle) achetait *(she) was buying*
achète *buys*
(elles) achetaient *(they) were buying*
(elle) (a) acheté *(she) bought*
  elle n'a rien acheté *she didn't buy anything*
achètent *(they) buy*
acheter *to buy*
aérienne : ligne aérienne *airline*
aéroport *airport*
âge : quel âge *how old*
ai : j'ai *I have*

aide *help*
  aide-moi *help me*
(il) aidait *(he) helped*
(il) (a) aidé *(he) helped*
aider *to help*
(elle) aimait *(she) liked*
aime *likes, loves*
  j'aime *I like*
aimé : j'ai aimé *I liked*
aimer *to like, love*
aimes (tu) *(you) like*
alimentaires : produits alimentaires *food products*
(elle) allait *(she) was going*
  il allait bien *was doing well*
  allait payer *was going to pay*
(elle) (est) allée *(she) went*
  n'est pas allée *didn't go*
(elles) (sont) allées *(they) went*
aller *(to) go*
allez : vous allez bien *you are well*
alors *then*
américain(e) *American*
ami *(male) friend*
amie *(female) friend*
ananas *pineapple*
anglais *English (language)*
animée *excited*
année *grade, year*

ans *years*
    il/elle a # ans *s/he is # years old*
(s')appelait *(his/her) name was*
apprend *teaches*
apprendre à *to teach how to*
    je vais t'apprendre à *I'm going to teach you how to*
après *after*
    crient après moi *(they) yell at me*
(a) appris *he taught*
(il) (s'est) approché *(he) approached*
(ils) (se sont) approchées *(they) approached*
arrive *arrives*
(elle) (est) arrivée *(she) arrived*
arrivent *(they) arrive*
as *(you) have*
    tu as besoin (de) *you need*
    as-tu *do you have*
    quel âge as-tu ? *how old are you?*
assez *enough*
(elle) (s'est) assise *(she) sat down*
(ils) (se sont) assis *(they) sat down*
au *to the, at the*
    au revoir *goodbye*
aussi *too, also*
autobus *bus*
autre(s) *other*

aux *in the, to the*
(il/elle) avait *(s/he) had*
    il y avait *there was*
    il y a eu *there was*
    elle avait un peu peur *she was scared a little bit*
(elle) avait besoin de *(she) needed*
(ils) avaient *(they) had*
avec *with*
avoir *to have*
avons *(we) have*

B

bagages *suitcases*
bains : salle de bains *bathroom*
baisse *(command) lower*
    baisse le volume *turn down the volume*
bananes *bananas*
banque *bank*
beau *beautiful*
beaucoup *a lot*
belge *Belgian*
Belgique *Belgium*
(j'ai) besoin (de) *I need*
(tu as) besoin (de) *you need*
bien *well, good*
    j'aime bien *I really like*
bientôt *soon*
bienvenue *welcome*
billet: billet d'avion *plane ticket*
bise *kiss*

lui fait la bise *gives her a kiss*
bleu(e) *blue*
blonde *blond*
boissons *drinks (noun)*
bon *good*
bonjour *hello*
bonne *good*
brune *brunette*
bruns *brown*
bus *bus*

C
ça *that*
  ça va ? *how are you?; how's it going?*
caissier : caissier de la banque *bank teller*
capitale *capitol*
catholique *Catholic*
ce *this*
  ce qu'il y a *what there is*
centimes *cents*
centre commercial *mall, shopping center*
c'est *she is, it is, this is*
  c'est tout *that's all*
cet, cette *this*
chambre *room*
chance *luck*
changé : rien n'a changé *nothing has changed*
chaque *every, each*
charité *charity*

chauffeur *driver*
chaussures *shoes*
chemisier *blouse*
cher *dear*
cherche *looks for*
cherche-le *look for it (command)*
(elle) cherchait *(she) was looking for*
(elle) (a) cherché *(she) looked for*
chères *expensive*
cheveux *hair*
chez *at the home of, at (the place of)*
  chez elle *to her house*
  chez moi *at (my) home*
  chez nous *at (our) home*
  chez toi *at (your) home*
choses *things*
cinq *five*
classe *class (session)*
  après les classes *after school*
combien *how many*
comme *like*
comment *how*
commercial : centre commercial *mall, shopping center*
communiquer *communicate*
compacts : disques compacts *CDs*
comprend *understands*
(je) comprends *I understand*

(elle) comprenait *(she) was understanding*

(elle) compris *(she) understood*
  elle n'a rien compris *she didn't understand anything*

conduire *to drive*

(je) conduis *I drive*

conduit *drives*

(elle) (a) conduit *(she) drove*

connaître *to know/meet*

Conseil des Eleves *student council*

content(e) (de) *happy (to)*

coordonnées *contact information*

copain *boyfriend, (male) friend*

copine *(female) friend, girlfriend*

couleur *color*

cours *class (course)*
  cours d'histoire *history class*

(il) coûtait *(it) cost*

(ils) coûtaient *(they) cost*

coûte *costs*

coûtent *(they) cost*

(elle) criait *(she) yelled*

(elles) criaient *(they) yelled*

crie *yells*
  crie apres moi *yells at me*

(elle) (a) crié *(she) yelled*

crient apres moi *(they) yell at me*

crier *to yell*

crois *(I) think*

cuisine *kitchen*

D

d'aider *of helping*

d'amis *of friends*

d'anglais *(of) English*

d'Anne *Anne's*

(elle) dansait *(she) danced*

(ils) (ont) dansé *(they) danced*

d'argent *of money*
  n'a pas d'argent *has no money*

d'autres *(of) other*

d'avion : billet d'avion *plane ticket*

d'avoir : contente d'avoir *happy to have*

d'école *(for) school*

d'elle-même *of herself*

d'Elsa *Elsa's*

(elle) (en) demandait *(she) asked for (some)*

(elle) demandé *(she) asked for*

d'enfants *of children*

(elle) (est) descendue *(she) went down*

d'été *of summer*

d'étre : content d'étre *happy to be*

(elle) devait *(she) had to*

(ils) devaient *(they) had to*

d'histoire *of history*
  cours d'histoire *history class*
  livre d'histoire *history book*

d'ici *from here*

différences *differences*

différent(e) *different*
(elle) disait *(she) was saying*
(il/elle) (a) dit *(s/he) said*
d'ou *from where*
d'uniforme : pas d'uniforme
no uniform
dans *in, to*
danse *dances (verb)*
dansé : nous ayons dansé *we danced*
dansent *(they) dance*
danser *to dance*
de *of, for, from, some*
    de la *of the, some*
    de rien *you're welcome*
décris *describe*
décris-moi *tell me about (command)*
délicieuses *delicious*
demain *tomorrow*
demande *asks*
depuis *for (a period of time)*
dernier *last*
des *some, about, from*
descend de *gets off*
désordre : en désordre *messy*
deux *two*
devant *in front of*
dire *to tell*
disques : disques compacts
CDs
dit *says*
    dit-on *do you say*
dix *ten*

docteurs *doctors*
dois *(you) have to*
doit *has to*
doivent *(they) have to*
(il/elle) donnait *(s/he) was giving*
(ils) donnaient *(they) were giving*
donc *therefore*
donne *gives*
(elle) (a) donné *(she) gave*
(ils) (ont) donné *(they) gave*
donnent *(they) give*
donnons *(we) give*
(elle) (a) dormi *(she) slept*
dormir *to sleep*
dort *sleeps*
douze *twelve*
du *some, of the*

E

échange *exchange*
école *school*
économiser *to save money*
(elle) écoutait *(she) was listening*
écoute *listens to*
(elle) (a) écouté *(she) listened*
(ils) (ont) écouté *(they) listened*
écoutent *(they) listen to*
écris-moi *write to me (command)*
écrit *writes*
élève *student*

elle *she, her*
elles *they*
embrasse *hugs, kisses*
(elle) (a) embrassé *(she) hugged*
(ils) (l'ont) embrassée *(they) hugged her*
(ils) (ont) emmené *(they) took (someone somewhere)*
emmènent *(they) take*
en *some, to, in, about it*
  en achètent *(they) buy some*
  en autobus *by bus*
  en désordre *messy*
  en face de *across from*
  en parler *to talk about it*
  en train *by train*
  en ville *to town*
  il y en a *there are some*
enchanté *nice to meet you*
encore *again, more*
  encore du temps *more time*
  encore une fois *again, once again*
enfants *children*
ensuite *then*
entend *hears*
(elle) (a) entendu *(she) heard*
entre dans *goes into*
(elle) (est) entrée *(she) entered*
(elles) (sont) entrées *(they) entered*
entrent dans *(they) go into*
es *(you) are*

est *is*
est-ce *is it*
  est-ce que *do, does, is, are (introduces a question)*
et *and*
étais *(you) were*
(tu) étais *(you) were*
(il/elle) était *(s/he) was*
(ils) étaient *(they) were*
États-Unis *United States*
été *summer; been*
(a) été *was*
êtes *(you) are*
être *to be*
  ma famille va être *my family is going to be*
(elle) étudiait *(she) studied*
étudie *studies*
étudier *to study*
étudions *(we) study*
euros *Euros (European monetary unit)*
européen *European*
excuse-moi *sorry, excuse me*
exemple : par exemple *for example*
exercices *exercises*
expérience *experience*
expert *expert*
explique *explains*
(elle) (a) expliqué *(she) explained*

F

face : en face du *across from*

fâchée *angry*

faire *to do*

fais *(I) do*

(il) (lui) faisait (la bise) *(he) was kissing her*

    Il ne faisait que regarder *he only watched*

(ils) faisaient la bise *they were kissing*

    faisaient des exercices *were exercising*

faisons *(we) do*

fait *does*

    il ne fait que *all he does is*

    il/elle a fait la bise *s/he kissed*

    lui fait la bise *gives her a kiss*

    elles ont fait des exercices *they exercised*

famille *family*

    la famille Dupont *the Dupont family*

fantastique *fantastic*

fatiguée *tired*

fête *party*

fière *proud*

fille *girl, daughter*

fils *son*

fin *end*

fois *time, instance*

font *(they) do*

font la bise *(they) give a kiss*

fort, forte *loud*

fous *crazy people*

français, française *French*

frappe *knocks*

(elle) (a) frappé *(she) knocked (at the door)*

frère *brother*

friterie *French fry place*

frites *French fries*

frustrée *frustrated*

fruits *fruits*

G

garage *garage*

garçon *boy*

garder le contact *to keep in touch*

gare *(train) station*

gaufres *waffles*

gênée *embarrassed*

gens *people*

grand(e) *tall, big*

gymnase *gym*

H

(elle) habitait *(she) was living*

habite *lives*

habitent *(they) live*

habitués *used to, accustomed to*

hé *hey*

heure *hour*

heures: sept heures *seven o'clock*

homme *man*
hôpital *hospital*
huit *eight*

I
ici *here*
idee *idea*
il *he, it*
  il n'y a pas *there isn't*
  il y a *there is*
  il y en a *there are some*
ils *they*
important *important*
incroyable *unbelievable*
inquiète *worried*
intéressant *interesting*
invite *invites*
(il/elle) (a) invité *(s/he) invited*

J
j'achète *I buy*
j'adore *I love*
j'ai *I have*
  j'ai besoin de *I need*
j'aime *I like, love*
  j'aime bien *I really like*
j'aimerais (bien) *I would like*
j'apprecie *I appreciate*
j'en ai besoin *I need it*
j'étudie *I study*
jamais *never*
jaune *yellow*
je *I*
jeune *young*

jeunes *young people*
joue *cheek*
jour, journée *day*
jusqu'à *right to*

L
l'accompagne *goes with her*
l'adresse *the address*
l'aéroport *the airport*
l'aide *help her*
l'aime *like it*
(elle) laissait *(she) was leaving*
l'alimentation *food*
l'anglais *English (language)*
l'argent *the money*
  de l'argent *(some) money*
l'Armee du Salut *the Salvation Army*
l'arrivée *the arrival*
l'auto *the car*
l'autobus *the bus*
l'autre *the other*
l'avion *the airplane*
l'école *the school*
  autobus de l'école *school bus*
l'élève *the student*
l'embrassent *(they) hug her*
l'entend *hears her*
l'espagnol *Spanish (language)*
l'état *the state*
l'été *the summer*
l'histoire *history*
l'hôpital *the hospital*

la *the, her, it*
   ne la trouve pas *doesn't find them*
là *here*
laisse *leaves*
l'autre *the other*
le *the, it, him*
leçons *lessons*
lendemain *next day*
lentement *slowly*
les *the, them*
leur *to them*
leurs *their*
ligne aérienne *airline*
lit *bed, reads*
livre *book*
   livre d'histoire *history book*
longs *long*
longtemps *for a long time*
(elle) (a) lu *(she) read*
lui *her, him, to him/her, at him/her*
   lui prend la main *takes her hand*
lycée *high school*

M
m'appelle : je m'appelle *my name is*
ma *my*
Madame *Mrs.*
Madame *ma'am*
magasins *stores*
main *hand*

maintenant *now*
mais *but*
maison *house, home*
maman *mom*
mange *eats*
(elle) (a) mangé *(she) ate*
(elle) mangeait *(she) was eating*
(ils) mangeaient *(they) ate*
(tu) manges *(you) eat*
mangent *(they) eat*
manger *to eat*
   salle à manger *dining room*
marche *walks*
(elle) (a) marché *(she) walked*
(ils) (ont) marché *(they) walked*
marchent *(they) walk*
maths *math*
matin *morning*
   du matin *in the morning*
mauvais *bad*
me *me*
   me donne toujours *always gives me*
   me rendre visite *visit me*
mécanicien *mechanic*
meilleure *best*
meilleures *better*
merci *thank you*
mère *mother*
merveilleuse *marvelous*
mes *my*
message *message, note*
mieux *better*

minutes *minutes*
Mme *Mrs.*
moi *(to) me*
mois *months*
mon *my*
monte : monte dans *gets in, gets on*
  monte sur *gets on*
(elle) (est) montée *(she) got in*
(il) (a) montré *(he) showed, pointed to*
monter un plan *to make a plan*
montre *shows*
moto *motorcycle*
  à moto *by motorcycle*
municipale *municipal, city (adjective)*
musique *music*

N
n'a pas *doesn't have*
n'a que cinq ans *is only 5 years old*
n'achète pas *doesn't buy*
n'ai : je n'ai pas *I don't have*
n'aide : n'aide jamais *never helps*
  personne n'aide *nobody helps*
n'as : tu n'as pas besoin *you don't need*
n'avons : nous n'avons pas *we don't have*
n'est : n'est pas *is not*

n'est plus *isn't any more*
n'était pas *was not*
n'étudie pas *doesn't study*
n'ont pas *(they) don't have*
n'y : il n'y a pas *there isn't any*
(ils) nageaient *(they) were swimming*
nagent *(they) are swimming*
ne *not*
neuf *(brand) new, nine*
neuve *new*
non *no*
  non plus *either*
normale *normal*
nos *our*
notes *grades*
notre *our*
nourriture *food*
nous *we*
  chez nous *at (our) home*
nouveau : à nouveau *once again*
nouveaux *new*
nouvelle *new*
nouvelles *news*
nuit : la nuit *at night, that night*

O
occasion *opportunity*
offre *offers*
on *they, one*
ont *(they) have*
onze *eleven*

onzième *eleventh*
oranges *oranges*
ou *or*
où *where*
oui *yes*
(elle) (a) ouvert *(she) opened*
(on) offrait *(people) offered*
ouvre *opens*

P

paie *pays*
papa *dad*
papier *(piece of) paper*
par *for, by*
    par : par exemple *for example*
    par terre *on the floor*
parc *park*
parce que *because*
parfaite *perfect*
parfaitement *perfectly*
(elle) parlait *(she) was talking*
(ils) parlaient *(they) were talking*
    ils parlaient tous *everyone was talking*
parle *talks, speaks*
    nous ayons beaucoup parlé *we spoke a lot*
(elle) (a) parlé *(she) talked*
(ils) (ont) parlé *(they) talked*
    ils ont longtemps parlé *they talked for a long time*
parlent *(they) are talking*

parler *to talk, speak*
(tu) parles *(you) talk, speak*
parlez *(you) speak*
pas *not*
    pas de problème *no problem*
passe *spends (time)*
(elle) (a) passé *(she) spent*
passer *to spend (time)*
pauvre *poor*
pauvres *poor people*
(on) payait *(people) paid*
payer *(to) pay*
pendant *during, for*
    pendant qu'elle *while she*
pense à *thinks about*
(elle) (a) pensé *(she) thought*
(elle) pensait *(she) was thinking*
père *father*
permission *permission*
personne *nobody, person*
personnes *people*
perspective *perspective*
petite *small*
peu : un peu *a little (bit)*
peur : a peur *is afraid*
peut *can*
peuvent *(they) can*
(je/tu) peux *(I/you) can*
piscine *swimming pool*
    Piscine Municipale *city swimming pool*
plaisir *pleasure*
    avec plaisir *with pleasure*
plaît : s'il te plaît *please*

plan *plan*
   on va monter un plan *we'll put together a plan*
plus *more*
   plus tard *later*
   n'a plus *doesn't have any more*
pomme *apple*
populaire *popular*
porte *wears, is wearing; door*
(elle) (a) porté *(she) wore*
portons *(we) wear*
pose *asks*
(elle) (a) posé (une question) *(she) asked a question*
   elles se sont posé beaucoup de questions *they asked each other many questions*
posent: se posent *(they) ask each other*
possible *possible*
poulet *chicken*
pour *for, to*
pourquoi *why*
(il/elle) pouvait *(s/he) was able to, can*
(ils) pouvaient *(they) could*
préférée *favorite*
première *first*
prend *takes*
   lui prend la main *takes her hand*
prennent *(they) take*

(ils) (ont) préparé *(they) prepared*
préparent *(they) prepare*
près *near*
président *president*
(il/elle) (a) pris *(s/he) took*
(elles) (ont) pris *(they) took*
privée *private*
problème *problem*
   pas de problème *no worries*
prochain *next*
produits *products*
prof *teacher*
professeur *teacher*
projet *project*
promène : se promene *walks*
(elle) (s'est) promenée *(she) walked*
publique *public*
puis *then*

Q
qu'Anne: parce qu'Anne *because Anne*
qu'elle : parce qu'elle *because she*
   pendant qu'elle *while she*
qu'est-ce que *what*
qu'il y a *that there is*
qu'ils : parce qu'ils *because they*
qu'un *that a*
   ne comprend qu'un peu *only understands a little*

quand *when*
quatorze *fourteen*
que *that, than*
    parce que *because*
Quel age as-tu ? *How old are you?*
quelle *what*
    de quelle couleur *what color*
quelques *a few*
questions *questions*
qui *who*
quinze *fifteen*
(elles) (ont) quitté *(they) left*
quittent *(they) leave*

R

ramasse *pick up (command)*
ranger : la ranger *clean it up, straighten it up*
rapide *fast (adjective)*
rapidement *quickly, fast*
rarement *seldom*
recevoir *to receive*
(elle) (a) rencontré *(she) met*
reçoit *receives*
(elle) (a) reçu *(she) received*
(il) regardait *(he) was watching*
regarde *watches, looks at*
(il/elle) (a) regardé *(s/he) watched*
regarder *(to) watch*
religieuse *religious*

religion *religion*
remercie *(I) thank*
rencontre *meets*
rendre : lui rendre visite *to visit her*
rentre *returns*
rentrons *let's go back (home)*
repas *meal*
répète *repeats*
répond *answers*
(il/elle) (a) répondu *(s/he) answered*
ressemblait *resembled*
ressemble *resembles*
restaurant *restaurant*
reste *rest, remainder*
rester en contact *to stay in touch*
retourne *returns*
(elle) (est) retournée *(she) returned, went back*
(elles) (sont) retournées *(they) returned, went back*
retournent *(they) return*
retourner *to return*
réveille : se réveille *wakes up*
(elle) (s'est) réveillée *(she) woke up*
(elles) (se sont) réveillées *(they) woke up*
réveillent : se réveillent *(they) wake up*
reviens *(you) return*
revoir : au revoir *goodbye*

(il) (a) ri *(he) laughed*
rien *nothing*
   de rien *you're welcome*
   ne ... rien *nothing, not ...*
   anything
   rien payer *to pay nothing*
rit *laughs*
rue *street*

S
s'appelle *is named, is called*
s'appellent *(they) are named*
   comment s'appellent *what*
   are the names of
s'approche *goes up to*
s'approchent *(they) go up to*
s'asseyent *(they) sit down*
s'assied *sits down*
s'échapper *get away*
s'il te plaît *please*
sa *her, his*
sais *(I, you) know*
salade *salad*
salle *room*
   salle à manger *dining room*
   salle de bains *bathroom*
salon *living room*
saluer *to greet*
salut *hi*
se *herself, each other*
secrétaire *secretary*
seize *sixteen*
   à seize ans *at the age of*
   sixteen

elle a seize ans *she is sixteen*
years old
j'ai seize ans *I'm sixteen*
years old
sept *seven*
serre : lui serre la main *shakes*
   her hand
ses *her (adjective)*
seule *alone*
si *if*
six *six*
sœur *sister*
sofa *couch*
soir *evening*
soirées *parties*
sommes *(we) are*
son *her (adjective)*
sont *(they) are*
   ne sont pas venus *(they)*
   didn't come
sort *takes out*
sortes *kinds*
(elle) (a) sorti *(she) took out*
soupe *soup*
(elle) (a) souri *(she) smiled*
(elle) souriait *(she) was smiling*
sourit *smiles*
souvent *often*
spécial(e) *special*
suis *(I) am*
super *fantastic*
supermarché *supermarket*
sur *on*
sûre *sure*

surprise *surprised (adjective)*
sympa *nice*

T
t'appelles-tu : Comment t'appelles-tu ? *What is your name?*
t'apprendre *to teach you*
t'écris *(I) will write to you*
ta *your*
table *table*
tard *late*
  plus tard *later*
taxi *taxi*
te *you, to you*
  s'il te plaît *please*
télévision *television*
temps *time*
  encore du temps *more time*
terre : par terre *on the floor*
tes *your*
texto *SMS, text message*
toi *you*
  chez toi *at (your) home*
toilettes *toilet*
ton *your*
toujours *always*
tous *all, everyone*
tout(e) *everything, all*
  c'est tout *that's all*
  tout l'été *the whole summer*
  toute la famille *the whole family*
  toute seule *all by herself*

toutes *all*
  toutes les deux *both*
traditionnelles *traditional*
train *train*
transport *travel, transportation*
(il/elle) travaillait *(s/he) was working*
travaille *works*
treize *thirteen*
trente *thirty*
très *very*
triste *sad*
trois *three*
trouve *finds*
(elle) (a) trouvé *(she) found*
  Elle ne l'a pas trouvé *she didn't find it*
tu *you*

U
un, une *a, one*
uniforms *uniforms*
usagés *used (adjective)*

V
va *goes, is going*
  Ça va? *How are you?; How's it going?*
  Comment va ... ? *How is ... ?; How's ... going?*
vais *(I) go, am going*
  je vais bien *I am well*
variés *various, many*
variété *variety*

vas (you) are going
vélo : à vélo by bike
vend sells
(on) vendait (they) sold
venir (to) come
venus : ne sont pas venus
   (they) didn't come
vêtements clothes
veulent (they) want
veut wants
(je) veux I want
vie life
vieille old
viens-tu do you come
vient comes
ville town
   en ville to town
visite visit (noun)
   rendre visite to visit
visiter to visit
vivre (to) live
voir to see
voit sees
voiture car
vole flies (verb)

(il) (a) volé (it) flew
volume volume
   baisse le volume turn down
   the volume
vont (they) go
votre your
voudrais (I) would like
voudrait would like
(elle) voulait (she) wanted
(ils/elles) voulaient (they)
   wanted
vous you
voyage trip
voyagent (they) travel
vrai true
vraiment really
(il/elle) (a) vu (s/he) saw

Y

y there
   il y a there is, there are
   je voudrais y aller I'd like to
   go there
yeux eyes

You just read my story in the past tense. Now flip the book over and see how you do with my story in the present tense!